AF202427

Grundlagen der Sokratischen Gesprächsführung

Der sokratische Dialog und die sokratische Methode einfach erklärt

Psychologie lernen

Der psychologische Weg zur Entscheidungsfindung

Seinen Ursprung in der Antike habend, vor beinahe zweitausend Jahren, wurde der Sokratische Dialog als ein simples Mittel der Informationsbeschaffung genutzt. Die Hebammensprache oder auch Mäeutik, wie der Sokratische Dialog damals genannt wurde, beharrte auf Fakten und Tatsachen.

Mittlerweile aber hat sich die Sokratische Gesprächsführung verändert. Sie dient nicht mehr der Informationsbeschaffung und hat auch einen neuen Namen bekommen. Dafür wird diese Konversationstechnik mittlerweile in der Psychologie angewandt, wenn es Menschen schwerfällt, eine eigene Meinung zu bilden und dementsprechend darauf basierende Entscheidungen. Für viele Fälle ist der Sokratische Dialog eines der letzten Mittel, mit denen diesen Menschen geholfen werden kann. Dementsprechend integriert ist diese Technik mittlerweile in der allgemeinen Psychologie.

Der Inhalt der Buchs ist folgender:

- Was ist die sokratische Gesprächsführung?
- Sokratische Entwicklung
- Von der Antike zur aktuellen Psychotherapie
- Der sokratische Dialog
- Psychologische Therapie und Beratung

Wie allerdings wurde aus einem Mittel der Informationsbeschaffung ein interaktiver Dialog, der zu der Entscheidungsfreiheit führen sollte? Wie sehr hat sich diese Gesprächsführung in den letzten zweitausend Jahren verändert und was genau hat die Pädagogik damit zu tun?

INHALTSVERZEICHNIS

Einleitung

Die eigene Meinung zu sagen, ist für manche Menschen nicht immer einfach. Durch verschiedenste Faktoren kann es passieren, dass eine Person sich nicht traut, die eigene Meinung auszusprechen, allerdings ist dies für das schwierige Erwachsenen- und Arbeitsleben sehr unpraktisch. Die Welt ist rau, das Arbeitsfeld kalt, genauso wie der allgemeine Gesprächston, der mittlerweile oftmals auch innerhalb der eigenen Familie seit jungen Jahren zu finden ist. Unglücklicherweise bedeutet das damit, dass in einer Welt wie der heutigen nur die Starken überleben, mit einer herausstechenden Persönlichkeit. Sich der eigenen Meinung bewusst zu sein und auch den Mut zu haben, diese auszusprechen, ist dementsprechend eine Grundlage, die Kinder bereits früh lernen, um sich nicht in ihrem frühen Jugend- beziehungsweise Erwachsenenleben komplett überrennen zu lassen.

Die Äußerung der eigenen Meinung ist ein unterbewusster Vorgang über Wohlbefinden und Zustimmung, aber auch über Ängste und Abneigungen. Wer es nicht schafft, die eigene Meinung kundzutun und damit die eigenen Gedanken auszusprechen, macht sich selber automatisch zu einem Mitläufer der Gesellschaft. Besonders viele Menschen wollen heutzutage "mit dem Strom schwimmen", wobei es dafür viele verschiedene Gründe gibt. Unter anderem ist es eben besonders einfach, einfach nur ein Mitläufer zu sein, denn das Ausleben der eigenen Persönlichkeit ist ein schwieriges Unterfangen, andererseits allerdings ist es in unserer Gesellschaft eben auch der Standard, so zu sein wie jeder andere. Einige Menschen, die dementsprechend den Mut haben, ihre eigene Meinung zu sagen und ihre Gedanken zu zeigen, werden damit also ausgegrenzt. Durchaus ist es daher sehr einfach, ein Mitläufer zu sein. Auch wenn dies nicht so fatal ist, wie es manche Entwicklungsforscher darstellen, denn auch wenn der Standard der Menschheit einigen Menschen schadet, hilft er dennoch dem Großteil der Menschheit, bedeutet dies dennoch, dass manche Menschen sich selber in Situationen bringen, die schädlich für sie selber, aber auch für andere sind und all dies nur, weil sie zu der Meinung eines anderen nicht *"Nein"* sagen konnten oder weil sie selber ihre Meinung nicht ausgesprochen haben.

Im späteren Erwachsenenleben bedeutet dies dementsprechend einige Probleme, die im Arbeitsleben stattfinden können, aber eben auch im allgemeinen Privatleben. Letzten Endes bedeutet die Äußerung der eigenen Meinung aber auch, dass die Person selber auch Entscheidungen treffen kann. Das Lernen der Entscheidungsfreiheit ist ein Unterfangen, welches bereits kleine Kinder in ihrer psychologischen Entwicklung lernen. Mit der Offenheit zur Entscheidungsfindung entsteht daher auch eine eigene Meinung, da sich aktiv dazu entschieden wird, nicht einfach nur Mitläufer zu sein, sondern eben, dass die eigene Meinung durch Umstände gebildet wird.

Durch viele verschiedene Faktoren kann es allerdings dazu kommen, dass diese Entscheidungsfindung niemals gelernt wird beziehungsweise gelernt wurde. Kinder beispielsweise, die in ihrer Kindheit und damit in ihrer psychologischen Entwicklung unterdrückt wurden, haben oftmals nie gelernt, die eigenen Gedanken wirklich zusammenzufassen und auszusprechen. Die richtige Erziehung ist deswegen so wichtig. Kinder lernen nicht von selber, wie man "ein guter Mensch" wird oder welcher Weg eben der Richtige ist. Stattdessen müssen sie geführt werden. Durch Vorbilder lernen sie das richtige Verhalten, leider aber eben auch das Negative. Sie schauen sich ab, was sie für ihr Leben brauchen. Wenn ihnen also in frühster Kindheit dauerhaft gesagt wurde, dass ihre eigene Meinung nicht zählt oder, wenn sie im eigenen Zuhause unterdrückt wurden, dann lernen sie niemals, wie wichtig es ist, die eigenen Gedanken durchaus auszusprechen. Diese Kinder werden damit in ihrem Erwachsenenleben sehr starke Probleme haben. Solche Probleme können sich in vielen verschiedenen Varianten zeigen.

Nicht gerade wenige Menschen, neben Kindern auch Erwachsene, haben unter anderem aber auch regelrechte Angst davor, die eigenen Gedanken kundzutun. Auch hierzu kann es sehr viele verschiedene Gründe geben.

Die eigenen Gedanken stellen das größte Geheimnis des Menschen dar. Wenn diese Gedanken niemals ausgesprochen werden, dann bleiben sie für immer versteckt und kein weiteres Lebewesen wird jemals diese Geheimnisse erfahren. Ein Geheimnis zu wahren, ist allerdings nicht immer gut. Im Kindesalter muss gelernt werden, dass es durchaus als positiv angesehen werden kann, wenn manchen Menschen diese Geheimnisse mitgeteilt werden. Unter anderem ist es sehr wichtig, dass diese Kinder lernen, dass das eigene Zuhause ein sehr sicherer Ort ist, an dem es keine Geheimnisse geben sollte. Hier allerdings ist zu unterscheiden, dass Geheimnisse nicht mit der Privatsphäre gleichgesetzt werden sollten. Die Privatsphäre eines Kindes ist valide und sollte durchaus ernstgenommen werden, Geheimnisse dagegen können sehr toxisch enden. Wenn die Kinder ihren Eltern oder ihrem Umfeld beispielsweise nicht vertrauen, dann kann es dazu kommen, dass die Kinder nicht beichten, wenn etwas in der Schule nicht gut geht, wenn sie geärgert werden oder auch, wenn sie sich verletzt haben.

Es gibt also sehr viele verschiedene Faktoren, warum Menschen ihre eigenen Gedanken nicht aussprechen oder denken, dass ihre eigenen Gedanken von anderen Personen nicht ernstgenommen werden. Durch solche Entwicklungsstörungen, die im Kindesalter auftreten können, manchmal aber auch erst im späten Erwachsenenalter, denn nicht nur in jungen Jahren treten toxische Situationen auf, kommt es also dazu, dass nur schwer Entscheidungen getroffen werden können. Unterdrückte Personen beispielsweise halten sich deutlich lieber an die Meinung anderer, sie verstecken sich hinter den Worten von anderen und klammern sich regelrecht an Befehle und Anforderungen oder auch beispielsweise Bitten, da sie nie etwas anderes gelernt haben und sich dementsprechend mehr als nur ein wenig verloren fühlen, wenn sie selber etwas zu entscheiden haben.

Ein solches Verhalten ist im Erwachsenenleben mehr als nur unpraktisch. Im Arbeitsleben geht es oftmals darum, sehr wichtige Entscheidungen zu treffen, sei dies nun, wenn es darum geht, sich einem toxischen Arbeitskollegen zu stellen oder auch, wenn eine große Chance zur Beförderung in Sicht kommt, sei dies nun im jetzigen Beruf oder beispielsweise in einer anderen Firma oder Filiale. Die Entscheidungsfindung bedeutet schließlich auch, negative und positive Situationen voneinander zu trennen. Unter anderem ist es schließlich alles andere als positiv, immer nur Mitläufer zu sein. Dies bedeutet nämlich, dass niemals das eigene Selbst wirklich gefunden und dann auch ausgelebt werden kann. Natürlich ist es von Vorteil, den Regeln des Arbeitsplatzes zu gehorchen, allerdings bedeutet dies nicht, dass jeder Mitarbeiter absolut gleich sein muss. In vielen Arbeitsplätzen geht die eigene Persönlichkeit regelrecht unter. Es gibt keine Zeit, sich über die eigenen Interessen zu unterhalten oder vielleicht auch mal etwas mit den Kollegen außerhalb der Arbeitszeiten zu planen.

In der heutigen Zeit liegt genau darauf der Schwerpunkt. Die zukünftige Generation baut besonders auf die Selbstfindung, auf Kreativität und darauf, wirklich das Beste aus dem eigenen Leben zu machen. Dies kann allerdings niemals der Fall sein, wenn nur hinter anderen Menschen hergelaufen wird. Das eigene Potenzial kann damit niemals gefunden werden, da immer im Schatten der anderen gestanden wird. Der Weg zur Entscheidungsfindung ist damit gewiss kein leichter. Es braucht ein gewisses Maß an Mut, um sich von den Meinungen der anderen Menschen zu trennen, die das eigene Leben vollkommen bestimmt haben. Ohne die Entscheidungen anderer Personen kann sich das eigene Leben durchaus manchmal recht leer und unsicher anfühlen. Nur wenige Menschen, die also wirklich mit der Entscheidungsfindung zu kämpfen haben, wagen wirklich den Schritt in ein eigenständiges Leben, denn ... warum sollte eine leichte

Situation mit einer schwierigen getauscht werden? Warum sollte das einfache Leben aufgegeben werden, nur damit die eigenen Worte mehr zu sagen haben? Viele Menschen verstecken sich regelrecht hinter diesen Fragen und bemerken dabei gar nicht, dass dieses einfache Leben ohne Entscheidungsfindung gar nicht mal so einfach ist, wie es auf den ersten Blick scheint. Durchaus, die Hauptsituationen erscheinen als einfach, wenn keine schwierige Entscheidung getroffen werden muss, doch die Zukunft sieht mehr als nur schwierig und alles andere als leicht aus, da eben besonders mit der Zeit die Probleme auftreten und nicht immer sofort.

Diesen Menschen, die sich diesen großen Schritt in ein eigenständiges Leben nicht wagen, kann allerdings mit der richtigen Therapie geholfen werden. Es ist ein schwieriges Unterfangen, welches selten vollkommen alleine überwältigt werden kann, weshalb es hier sinnvoll ist, die Hilfe eines Therapeuten in Anspruch zu nehmen. Wichtig ist hier zu sagen, dass es durchaus als positiv betrachtet werden kann, wenn sich die Familie und Freunde anbieten. Das bedeutet schließlich, dass es Personen gibt, die wirklich helfen wollen und dies kann immer als positiv betrachtet werden. Unglücklicherweise braucht es allerdings eine professionelle Person, die sich um diese Probleme und Defizite kümmert, da es ansonsten schnell auch noch schwieriger und negativer werden kann. Auch hier muss deswegen gelernt werden, zwischen der richtigen Informationsquelle zu unterscheiden, was an und für sich bereits ein schwieriger Schritt der Entscheidungsfindung ist. Ein einfaches Gespräch bei einem Therapeuten, Psychologen oder Psychiater, der bei Depressionen oder mentalen Krankheiten beispielsweise Medikamente verschreiben darf, reicht allerdings nicht einfach aus. Stattdessen braucht es in besonders harten Fällen eine ausgeprägte Methode, die ihre ersten Anfänge in der Antike fand. Mit der **Sokratischen Gesprächsführung** können daher also Menschen geholfen werden, die mit der eigenen Entscheidungsfindung zu kämpfen haben, allerdings ist dieser Term kein sonderlich bekannter. Über die Jahre hinweg hat sich dieser

Begriff stark verändert und hat mittlerweile wenig mit den philosophischen Gedankengängen zu tun, mit denen diese Technik einst in Verbindung gebracht wurde.

Was ist die Sokratische Gesprächsführung?

Die **Sokratische Gesprächsführung** wird innerhalb psychologischer Therapien dazu verwendet, einer Person beziehungsweise einem Patienten Eigenverantwortung beizubringen, aber auch beispielsweise den Mut, den es braucht, um sich selber zu bestimmen und den es außerdem braucht, um Lebensziele festzulegen sowie auch Lebensinhalte und moralische Ansichten, die sich vielleicht sogar von denen der Gesellschaft unterscheiden. Damit werden einer Person, die der Kundmachung ihrer eigenen Meinung Probleme hat, die ersten Grundlagen für eine gesunde Lebensweise beigebracht, die diese Person normalerweise im Kindesalter hätte lernen müssen.

Immer häufiger geschieht dies allerdings nicht. Der Fluss der Zeit ist mittlerweile so schnell und stark geworden, dass nur die Starken überleben, auch wenn sich die heutige Zeit immer mehr der Selbstbestimmung und der Selbstverwirklichung widmet. Dennoch wird das Leben nicht gerade einfacher. So wie die Möglichkeiten bis in die Unendlichkeit steigen und die ganze Welt einem jungen Menschen zugänglich ist, so viele Tücken weist das Leben allerdings auf. Das Arbeitsleben eines Erwachsenen ist besonders rau und streng, der Umgangston ist oftmals alles andere als angenehm. In der eigenen Familie geht es mittlerweile genauso los und selbst in der Kindheit beginnt dieser raue Umgangston meist sehr früh. Wer genau diesen Ton nicht aushalten kann oder nicht gut darin ist, Befehle zu befolgen, der hat es in seinem oder ihrem späteren Erwachsenenleben oftmals nicht leicht.

Bereits in jungen Jahren selektieren sich die starken Kinder von den Schwachen. Später allerdings verdeutlicht sich dieser Unterschied immer mehr. Dabei wird mit dem Adjektiv *"stark"* nicht die allgemeine physische Stärke beschrieben. Stattdessen werden Kinder als (ausdrucks-)stark betrachtet, wenn sie ihre eigene Meinung aussprechen und dementsprechend auch nicht vor Konfrontationen zurückscheuen. Menschen, die genau diesem Lebensbild folgen, werden in den meisten Fällen zu sehr guten Führungspersonen. (Ausdrucks-)starke Kinder leiten in frühen Jahren bereits Freundesgruppen und sind immer da, wenn es darum geht, einen Streit zu schlichten. Die schwachen Kinder sind allerdings nicht die Kinder, die sich bei einem solchen Streit mitreißen lassen, sondern es sind die Kinder, welche ihre eigene Meinung entweder nicht aussprechen können oder nicht aussprechen wollen. Sie werden dann zu nichts weiter als Mitläufern und lassen dabei zu, dass andere Menschen ihre eigenen Interessen vollkommen missachten, da diese nicht ausgesprochen werden.

Im Bereich der psychologischen Entwicklung ist dies eine sogenannte Entwicklungsproblematik. In extremen Fällen reicht dieser Bereich sogar an eine Entwicklungsstörung. Beides muss mit genügend Hilfe wieder in einen normalen Zustand gebracht werden. Meistens geschieht dies durch die Hilfe eines psychologischen Therapeuten, in seltenen Fällen schaffen es allerdings auch Familie und Freunde, der Person den Mut zurückzugeben, den es braucht, um die eigene Meinung auszusprechen.

Besonders der psychologische Bereich hat dabei viele verschiedene Anwendungsmöglichkeiten. Die Beliebteste allerdings bleibt der **Sokratische Dialog** beziehungsweise die **Sokratische Gesprächsführung**. Am häufigsten finden sich diese Unterhaltungen in der allgemeinen Verhaltenspsychologie wieder, welche sich damit im kognitiven Sprachbereich befindet. Unter anderem sind diese Methoden aber auch an psychoanalytischen Schulen zu finden und damit eben besonders im Bereich der Tiefen- und Individualpsychologie. Die Konzepte der sokratischen Anwendungen sind damit individuell und damit in den unterschiedlichsten Szenarien und Therapien einzubauen.

Was genau ist allerdings die **Sokratische Gesprächsführung**? Dieser Begriff findet sich nicht nur in der allgemeinen Psychologie wieder, wenn es darum geht, Menschen zu helfen, die mit ihrer eigenen Selbstfindung Probleme haben, sondern es gibt viel mehr Anwendungsmöglichkeiten. In Amerika beispielsweise ist diese Methode die häufigste Unterrichtsmethode von Jurastudenten, in Deutschland ist dies allerdings eher weniger der Fall. Grundsätzlich beschreibt die **Sokratische Gesprächsführung** beziehungsweise der **Sokratische Dialog** ein Gesprächsmodell, mit welchem unvoreingenommen ein Gespräch geführt werden kann, welches auf Fakten und Logik basiert. In der Antike, in den ersten Anfängen dieses Gesprächsmodells ging es noch darum, die eigene Meinung mit Fakten und Tatsachen zu belegen, so konnte selbst die extremste Meinung mit der allgemeinen Logik verändert werden. Auch war es ein besonders gängiges Mittel, um an unvoreingenommene Informationen zu kommen, die von einer eigenen Meinung vollkommen unabhängig waren. Mittlerweile allerdings wird dieses Gesprächsmodell in der Psychologie und damit von Therapeuten verwendet, um überhaupt eine Meinung aus einer Person herauszubekommen.

Es wird damit beispielsweise eine sehr simple Situation beschrieben, welche moralisch entweder als positiv oder als negativ angesehen werden kann. Der zu behandelnde Patient, die Person, die sich bei einem Therapeuten Hilfe gesucht hat, muss sich daraufhin eine eigene Meinung bilden. Bevor dies allerdings der Fall ist, wird mit simplen Fragestellungen die Situation erst einmal geklärt. Auf Logik basierend baut sich dann vollkommen unterschwellig eine eigene Meinung auf. Genau soll dies in einem späteren Kapitel beschrieben werden, in welchem auch einige Beispiele genannt werden. Hier soll daher nur kurz gesagt werden, dass die **Sokratische Gesprächsführung** damit auch oftmals in Gruppentherapien verwendet wird. Dazu müssen einige Regeln aufgestellt werden. Grundsätzlich geht es im **Sokratischen Dialog** also darum, dass eine eigene Meinung zwar gebildet werden soll, das Gespräch selbst soll allerdings auf Fakten und Tatsachen basieren, da es ansonsten, besonders in Gruppen, sehr schnell zu einem Streitgespräch kommen kann und wenn es dann mindestens eine Person gibt, die in einen Abwehrmodus schaltet oder zum Mitläufer führt, verliert das gesamte Konzept seine Wirkung.

Da besagtes Konzept in einem späteren Kapitel genauer behandelt werden soll, soll es nun darum gehen, wie sich besagtes Konzept überhaupt entwickelt hat. Letztendlich hat es in der frühen Antike und damit in einer Zeit vor unserer Zeitrechnung keine Therapeuten gegeben. Selbst Ärzte zu finden, war schwierig. Die allgemeine Psychologie sollte erst im 19. Jahrhundert wirklich gängig werden, als sich verschiedene Persönlichkeitstypen kristallisiert haben und mit einem Mal jeder versucht hat, vollkommen individuell und damit anders zu sein. Die **Sokratische Gesprächsführung** hatte demnach beispielsweise auch einen ganz anderen Namen, da besagte Methode erst viel später nach ihrem Schöpfer benannt werden sollte; nach einem abendländischen Philosophen, welcher sein ganzes Leben dem Streben nach Wissen gewidmet hat, die Streitgespräche seiner Schüler allerdings leid war. Es brauchte damit eine Technik, welcher nur auf Fakten und Informationen beruhte, damit selbst jede noch so extreme Meinung eines Besseren belehrt werden konnte.

Wie entstand also die allgemeine Sokratik?

Sokratische Entwicklung

Die **Sokratische Gesprächsführung**, beziehungsweise der **Sokratische Dialog**, war nicht immer ein Mittel, welches in der Psychologie eingesetzt wurde und erst recht wurde es nicht von Therapeuten, Psychiatern oder Psychologen eingesetzt, um Menschen zu helfen beziehungsweise um Patienten zu heilen. Stattdessen entstammt die Sokratik aus der alten Philosophie.

Dazu muss gesagt werden, dass die allgemeine Psychologie eine sogenannte empirische Wissenschaft ist. Dies bedeutet, dass sich die Psychologie viel mehr in der Praxis wiederfindet als in der allgemeinen Theorie. Es ist eine Anwendungswissenschaft, die ihre Wurzeln schon immer in der Praxis hatte und dementsprechend besonders gut in diesen Bereichen auszuführen ist.

Jedes Individuum ist vollkommen unterschiedlich. Jeder Mensch hat seine eigenen Tücken und seine ganz eigenen Fassaden, die sich in keinster Weise zu einem anderen Menschen gleichen. Es kann Parallelen geben und gewisse Vergleiche können durchaus gezogen werden, denn manchmal können diese Unterschiede besonders klein und fein und damit kaum zu sehen sein, doch bis auf das Blut, welches durch die Adern eines Lebewesens fließt, ist unser Aufbau vollkommen unterschiedlich. Besonders im mentalen Bereich wird dies absolut ersichtlich. Die Gedankengänge einer einzelnen Person sind die größten Geheimnisse, die diese Person jemals mit sich tragen kann, denn wenn diese Gedankengänge niemals ausgesprochen werden, dann bleiben sie das am sichersten gehütete Versteck auf der gesamten Welt, wenn nicht sogar in den Weiten des Universums. Diese Geheimnisse allerdings können sowohl positiv als auch negativ sein. Die eigenen Gedanken sind faszinierend und sie treiben zu dem an, was die Menschen letztendlich ausführen. Es können wundervolle Gedankengänge sein wie die Erinnerungen an unfassbar schöne Momente, die beispielsweise mit Familien oder Freunden geteilt wurden, gleichzeitig können diese Gedanken aber auch dunkel und grausam, die den Träger in eine tiefe Abwärtsspirale schubsen, sein, aus der derjenige nicht mehr herauskommt. Es können Erinnerungen an Traumata sein, die letztendlich Ängste und Panik hervorrufen oder es können auch die Gedanken an das erdrückende "Was wäre, wenn?" sein.

Dementsprechend ist ein jedes Individuum vollkommen eigenständig und so bewegen sich auch die Gedanken vollkommen eigenständig. Sie bilden sich auf den Erfahrungen, die die Person gemacht hat und diese sind immer vollkommen unterschiedlich, selbst wenn eineiige Zwillinge beispielsweise vollkommen gleich erzogen worden sind. Die eigentlichen Erfahrungen sind genauso individuell wie das Individuum selber. Dennoch hat jeder Mensch, jedes dieser Individuen schon einmal sorgenvolle Gedanken erlebt. Sie sind nicht spezifisch für eine gewisse Personengruppe, sondern sie können absolut jeden heimsuchen. Genau damit beschäftigt sich die Psychologie. Sie ist eine Wissenschaft, die sich vollkommen mit den Abläufen im Gehirn beschäftigt, allerdings nicht nur mit der Neurologie, welche medizinisch betrachtet ein sehr gesittetes Thema mit Themen-bedingt leichten Lösungen ist. Eingriffe, um Schäden am Gehirn zu heilen, sind komplex und können stundenlang dauern, wobei die Chance gering ist, dass diese Eingriffe wirklich positiv verlaufen. Dennoch allerdings basiert die Neurologie auf Regeln. Jedes Problem hat es schon gegeben und jeder Eingriff wurde mindestens einmal erfolgreich durchgeführt. Die Psychologie dagegen bezieht sich auch auf die neuronalen Signale, allerdings ist diese Wissenschaft regellos. Mit ihr können die Gedankengänge einer Person nachvollzogen werden, die nicht einfach so mit einem Eingriff behandelt werden können und noch weniger sind diese Gedanken Objekte, die in die Hand genommen und ertastet werden können. Es braucht hier also andere Methoden, um Schäden wie beispielsweise Traumatastörungen, Angststörungen oder Depressionen zu "heilen".

Da es einen physischen Eingriff hier nicht geben kann, wird die Wissenschaft der Psychologie auch als eine empirische Wissenschaft erkannt. Empirisch bedeutet also, dass nur Erfahrung alleine die Quelle der Erkenntnis sei. Zusammen mit den Lernprozessen, die mit diesen Erfahrungen verbunden werden können, kann in dem Bereich der Psychologie kein Lehrbuch zur Hand genommen werden. Es ist kein Handbuch, mit welchem gearbeitet werden kann, stattdessen ist es die Praxis, auf die sich diese Wissenschaft ganz spezifisch bezieht. Es werden Datenkategorien erstellt, in denen zumindest gewisse Vergleiche gezogen werden können, die beispielsweise in Störungen resultieren. Unterschiedliche Traumata haben beispielsweise das gleiche "Ende", beziehungsweise die gleiche Nebenwirkung. Durchaus kann damit also kategorisch gearbeitet werden, letztendlich allerdings bleibt die empirische Wissenschaft regellos, weshalb jeder neue Patient und Klient von einem Therapeuten vollkommen unterschiedlich zu einem anderen Patienten behandelt werden muss. Jeder Psychologe muss von Neuem jeden Klienten inspizieren und damit durchaus auch immer wieder dieselben Fragen stellen. Die Antworten allerdings werden unterschiedlich sein, weshalb bei jedem Patienten alternative Methoden angewandt werden müssen.

Die empirische Wissenschaft bezieht sich damit also nicht nur auf die Grundlage absolut jeder Wissenschaft und damit der Methodologie beziehungsweise die Methodenlehre, sondern der allgemeine Gedanke, der die Erfahrung als Quelle der Erkenntnis von sich zieht, entstammt der Philosophie. Beinahe alle Wissenschaften entstammen der antiken Philosophie. Es war schließlich das erste Mal, dass die Menschen wirklich begonnen haben, sich über das Leben Gedanken zu machen und darüber, dass sich letztendlich jeder voneinander unterscheidet, obwohl der allgemeine anatomische Aufbau doch so gleich ist.

Damit bleibt allerdings eine Frage: wie wurde aus der Philosophie letztendlich die Psychologie? Und wie hat sich dementsprechend der **Sokratische Dialog** verändert?

Von der philosophischen Antike zur modernen Psychotherapie

Bevor diese große Frage allerdings beantwortet werden kann, gibt es noch eine weitere Frage zu beantworten, denn bevor festgestellt werden kann, wie die Philosophie zu der Psychologie wurde, muss erst einmal herausgefunden werden, was genau die allgemeine Philosophie ausmacht. Was also ist Philosophie?

Das Wort Philosophie (*griechisch-latein. "philein" (philos), "sophia" = Weisheit*) stammt aus dem Griechischen und bedeutet so viel wie *"Die Liebe zur Weisheit"*, allerdings hat *"philein"* nicht nur Liebe zu bedeuten, sondern es kann auch mit Gefallen oder Interesse übersetzt werden. In der frühen Antike bedeutete *"Philosophia"* daher einfach nur schlichtweg, dass sich jemand für das Wissen interessierte, welches in der Welt zu finden ist. Auch verdeutlicht es den allgemeinen Drang nach Wissen und beschreibt daher in einem simplen Wort die Mühen, die manche Menschen auf sich genommen haben, um nach regelrechtem Wissen zu streben. Damit ist kein bestimmtes Wissen gemeint, sondern es ist das allgemeine Wissen gemeint. Daher wird auch schnell ersichtlich, dass aus der Philosophie im 18. Jahrhundert die allgemeine Wissenschaft entstanden ist. Jede einzelne Wissenschaft beruht auf den Gedanken der Philosophie, da die Philosophie kein Gebiet des Wissens ausschließt.

Die Menschen haben sich früher nur selten einfach nur in Teilbereichen aufgehalten. Es gab ein simples Extrem in der Antike: entweder es wurde alles gewusst und der Drang zum allgemeinen Wissen konnte schier niemals befriedigt werden oder es wurde simpel einfach gar nichts gewusst und es gab auch keinen Drang, einfach nur in einen gewissen Teilbereich hineinzuschauen.

Dennoch allerdings wurde sehr schnell unterschieden, nachdem in der Antike verstanden wurde, dass es nicht einfach nur zwei extreme Seiten gab, sondern dass es ein weites Spektrum an Wissen gibt, welches nicht einfach so mit einem Mal aufgenommen werden konnte. Kein Mensch konnte jemals alles wissen und selbst die alten Weisen, die Jüngere unterrichteten, bildeten sich immer weiter aus. Die Welt wurde in der Antike damit letztendlich nicht mehr nur noch in Schwarz und Weiß unterteilt, sondern mit einem Mal standen den Menschen das gesamte Spektrum der Farben zur Verfügung.

Allerdings waren damit nicht die Teilbereiche der Chemie und der Biologie gemeint, sondern vielmehr wurde von den ersten Stoikern, die um circa 300 v. Chr. lebten, zwischen Logik, Physik und Ethik unterschieden. Es geht damit um Sprache und Argumentation, allerdings auch um natürlich vorkommende Phänomene, unter anderem aber eben auch um das allgemeine menschliche Verhalten, um Moral, aber auch um die Regeln des Lebens. Es gab dementsprechend damals noch keine so genaue Unterteilung, wie es die Menschen der heutigen Zeit aus dem Schulunterricht kennen. In späteren Unterteilungen kamen letztendlich nur die Grammatik, die Rhetorik, die Dialektik und das sogenannte "*Quadrivium*" dazu, welches die Unterbereiche der Arithmetik, der Geometrie, der Musik, aber auch der Astronomie enthielt.
Auch wenn in den Jahren bis zum 19. Jahrhundert, in welchem aus der allgemeinen Philosophie die verschiedenen Teilbereiche der Wissenschaften wurden, immer mehr unterschieden wurde und auch wenn die Gelehrten der alten Weisen zwischen immer mehr Bereichen unterscheiden konnte, so unterschied sich die Denkweise der Antike dennoch immer noch stark von dem 19. Jahrhundert beziehungsweise von der heutigen Zeit. Was genau war schließlich die Philosophie? Was war genau das Philosophieren und mit genau welchen Fragen wurde sich letztendlich beschäftigt?

Sokratik in der Antike

Damit ist klar, wie genau die allgemeine Philosophie interpretiert werden kann, denn letztendlich ist die Philosophie ein Relikt aus vergangener Zeit. Nicht einmal die Forscher der Frühantike können sich wirklich sicher darüber sein, wie die Menschen der damaligen Zeit die Philosophie wirklich ausgeführt haben. Letztendlich sind es nur noch Ruinen und Überbleibsel der Zeit, die einen Forscher spekulieren lassen können. Fest steht allerdings, dass die Philosophie ein sehr zentraler Bereich der Antike war, doch Philosophie bedeutet nicht gleich Sokratik und noch weniger stellt die allgemeine Philosophie den Sokratischen Dialog dar. Was kam also vor der Sokratik?

Die sogenannte Vorsokratik kam bereits ab dem sechsten bis fünften Jahrhundert v. Chr. in die allgemeine Mode. Die allgemeine Philosophie bis zu diesem Zeitpunkt, deren Fragen sich um das allgemeine Leben drehten, hielt weitestgehend von Fragen fern, die sich auf jedwede Religionen bezogen. Vielmehr ging es um die alltägliche Philosophie und damit um die Deutung des allgemeinen Lebens, was der eigentliche Sinn hinter dem Leben war oder aber auch, warum es eben nur eine begrenzte Zeit war, die die Menschen in ihrem physischen Körper auf der Erde lebten. Ab dem sechsten bis fünften Jahrhundert v. Chr. allerdings änderte sich dies. Die Vorstoiker versuchten sich an einer begrifflich orientierten Philosophie und damit wurden auch mythisch-religiöse Phänomene und Deutungen untersucht. Viel mehr als das wurde allerdings anhand von metaphysischen Betrachtungen versucht, den *"Urstoff"* zu finden und damit den Anfang der Menschheit. Hierzu gab es eben nicht nur die physischen Erklärungen, sondern zu diesem Zeitpunkt hatten sich bereits einige Religionen entwickelt, die eben anderer Meinung waren. Auch diese Aussagen wurden als valide betrachtet und mussten dementsprechend untersucht werden.

Aus der allgemeinen Philosophie wurde dementsprechend schnell eine sogenannte Metaphysik, welche sich das erste Mal wirklich empirisch-wissenschaftlich beschäftigte, und zwar mit dem nichtmateriellen Bereich der Wirklichkeit. Geforscht wurde dementsprechend nicht mehr nur noch über das alltägliche Leben, so, wie es die Stoiker zwei- bis dreihundert Jahre später, um

300 v. Chr. taten, sondern es ging mit einem Mal nur um das gesamte Sein. Es wurde versucht, die Ursachen herauszufinden, die letztendlich zu Regeln, Prinzipien und Zusammenhängen führten, die den Zweck des Seins darstellen sollten. Die Metaphysik handelt daher viel von Regeln und von einem sogenannten Standard, der versucht wurde zu beschreiben. Wer an diesen Begriff denkt, der wird wohl mit den ersten Gedanken in Richtung unserer altbekannten Physik gehen, welche sich mit Atomen und Kräften beschäftigt. Die Physik, die wir heute kennen, ist immer noch eine Wissenschaft, die auf der Methodik basiert, welche mit Experimenten, die eine Aussage entweder belegen oder eine These widerlegen soll, fest einzuhaltende Regeln aufstellt. Bei der Metaphysik ist dies ähnlich. Auch hier geht es darum, den allgemeinen Sinn und Zweck zu finden, Regeln, die das unermessliche endlich für die Menschen zugänglich und messbar machten. Letztendlich allerdings ist es eine Weiterführung der Philosophie, denn noch immer werden Fragen beantwortet, die die allgemeine Existenz begründen sollen. Beispielsweise werden Fragen gestellt, die die Existenz von Göttern beantworten sollen, was eine Seele ist, ob die Unsterblichkeit möglich ist, moralische Fragen werden gestellt und deren Hintergründe, aber es werden auch sehr komplexe Fragen gestellt, wie beispielsweise, ob es dem Menschen überhaupt möglich ist, die Erkenntnisse der Metaphysik zu verstehen.

Menschen haben eine sehr begrenzte Denkweise. Die geistige und physische Wahrnehmung kann nicht zu 100 Prozent ausgeschöpft werden. Stattdessen wissen wir nur einen sehr kleinen Teil des Seins und wenn wir wirklich alles wissen würden, dann gäbe es hinter unserer Existenz keinen Sinn mehr. Die Menschen sind damit dazu gemacht, nicht alles zu wissen und noch viel mehr ist es der Sinn, nicht alles verstehen zu können. Wozu gibt es dann also die Metaphysik?

Die Metaphysik ist damit eine Frage in sich selber, die die Vorstoiker der Antike stark fasziniert und noch viel mehr beschäftigt hat. Letztendlich werden mit der Metaphysik also zentrale Probleme der doch recht begrenzten Philosophie untersucht. Es ist damit eine simple Frage der Weiterführung, der die **Sokratische Gesprächsführung** regelrecht zugrunde liegt.

Die allgemeine Philosophie ist damit sehr meinungsbezogen. Grundsätzlich beschreibt die Philosophie das allgemeine Streben nach der Erkenntnis des Seins. Es wird davon gesprochen, den Sinn des Lebens zu finden, das allgemeine Wesen der Welt und die Stellung des Menschen auf dem Planeten. Damit wird innerhalb der Philosophie versucht, den eigenen Platz zu finden, den Sinn des ganz eigenen Lebens und die Bedeutung dahinter. Die Philosophie ist damit eine sehr persönliche Wissenschaft, eine persönliche Art und Weise, gewisse Aspekte des Lebens zu betrachten. Damit basiert die allgemeine Philosophie also besonders stark auf der Meinung von demjenigen, der sich dazu entscheidet, mehr über das eigene Sein herauszufinden und zu recherchieren.

Innerhalb von Gesprächsrunden ist dies allerdings eher unpraktisch. Natürlich können gewisse Personen versuchen, von der eigenen Meinung überzeugt zu werden, doch dann treffen zwei oftmals extreme Meinungen aufeinander. Dies würde vielmehr in einem Streitgespräch enden, als in einem wirklich klärenden Gespräch, welches mehr auf Fakten basiert, anstatt auf Meinungen. Dies haben auch die antiken Philosophen der Vorzeit bereits verstanden. Besonders die Stoiker um das dritte Jahrhundert v. Chr. waren der Ansicht, dass es jedem Menschen erlaubt sein sollte, eine eigene Meinung zu haben. Auch heute ist dies schließlich immer noch der Fall. Das Recht auf Meinungsfreiheit ist ein Recht, das niemandem einfach so weggenommen werden kann. Vor einigen tausend Jahren allerdings war dies noch nicht ganz so einfach. Es herrschte Sklaverei, die Völker waren geteilt und das weibliche Geschlecht hatte ähnlich wie Sklaven reichlich wenig zu sagen. Dennoch allerdings waren sich die Menschen einig, dass jeder Mensch eine eigene Meinung haben durfte und auch niemand wegen dieser verurteilt werden durfte. Dies konnte allerdings nicht so einfach umgesetzt werden, da eben zwischen verschiedenen Meinungen oftmals nicht nur Diskussionen, sondern regelrechte Streitgespräche entstehen konnten. Auch heute ist es nicht gerade einfach, die eigene Meinung zu vertreten, besonders dann, wenn der- oder diejenige in der Unterzahl ist. Wenige Menschen trauen sich in diesen Momenten überhaupt, die eigene Meinung auszusprechen. Deswegen war es bereits in der frühen Antike klar, dass es jemanden geben musste, der diese Gespräche führte, der vollkommen unvoreingenommen war und dementsprechend auch sicherstellte, dass kein Streit einfach so ausbrach.

Dieses Konzept so umzusetzen, war allerdings nicht sonderlich einfach. Niemand wollte sich gerne von seiner eigenen Meinung abbringen lassen und noch weniger wollten die Menschen, dass eine dritte Partei die Gesprächsführung übernahm, denn dies bedeutete schließlich, dass sich innerhalb eines Gespräches an wichtige Regeln gehalten werden musste. Auch wenn die Philosophie daher schon sehr lange in den Köpfen der Menschen bestand, wenn auch unter einem anderen Namen, denn der Drang zum Wissen trug in der Geschichte der Menschheit viele verschiedene Namen, war es erst Sokrates, welcher zwischen 500 und 400 v. Chr. einen strukturierten Dialog in seiner Schule einführte.

Der abendländische Philosoph Sokrates

Der griechische Philosoph Sokrates wurde um 469 v. Chr. in Alopeke, in Athen, geboren. Er lebte zur Zeit der attischen Demokratie, zu einer Zeit, in der Athen durch den attischen Seebund immer mehr Macht bekam und dieser zu seiner Entfaltung nutzte. Die attische Demokratie wird auch als Anfänge aller Demokratien bezeichnet. Damals war dies gewiss noch nicht die gerechteste Herrschaftsform, wie wir sie heute kennen. Die Demokratie war damals ein modernes, unbekanntes Herrschaftswesen, welches nur ungern in den Kaiserhäusern gesehen wurde. Die Macht eines einzelnen Mannes wurde schließlich an das Volk übergeben, so, wie wir es heute in den westlichen Ländern unserer Erde kennen. Zur Zeit der Antike, um 500 v. Chr. war dies allerdings ein besonders großer und bedeutsamer Durchbruch, der bald schon Reformen nicht nur im gesamten Land, sondern auch auf der gesamten Welt nach sich ziehen sollte.

In dieser Zeit, in der das freie Denken das erste Mal möglich war, lebte der Philosoph Sokrates, welcher innerhalb der attischen Demokratie ein Vertreter des abendländischen Denkens war. In der Antike bezeichnete das abendländische Denken die Philosophie aus dem ursprünglich westlichen Teil Europas. Es war eine sehr moderne Denkweise im Vergleich zum altmodisch gebliebenen Asien.

Sokrates war ein sehr beliebter Philosoph. Im Gegensatz zu anderen Philosophen seiner Zeit eröffnete er nicht direkt eine gesamte Schule, so wie es seine Schüler Platon und Xenophon nach ihm machen sollten, sondern er wählte seine Schüler nach deren Streben nach Wissen und auch nach deren Meinung. Es ging dem Philosophen nicht darum, einen seiner Schüler von seiner Meinung abzubringen oder ihm eine neue Meinung aufzuzwingen, stattdessen war Sokrates fasziniert davon, was geschah, wenn zwei Personen aufeinander trafen, die eine vollkommen unterschiedliche Meinung hatten. Wenn keiner von beiden nachgeben wollte, dann brauchte es regelrecht Stunden, bis zu einem Ende gekommen werden konnte oder das Streitgespräch musste unterbrochen werden, da es ansonsten überhaupt kein Ende gefunden hätte. Durch die Vielfalt von Sokrates' Schülern, entstanden solche Streitgespräche recht häufig, in denen Sokrates zuhörte und niemals einschritt. Stattdessen versuchte er, den Sinn dahinter zu verstehen. Die Meinungsverschiedenheit faszinierte ihn und bald schon kam ihm ein Gedanke, der die Gesprächsführung der Philosophen bald schon vollkommen verändern sollte. Er fragte sich und seine Schüler, ob ein Weg gefunden werden konnte, auf welchem vollkommen ruhig über zwei verschiedene Meinungen gesprochen werden konnte. Die Meinung dabei bezog sich nur auf das Resultat, der Weg dorthin allerdings sollte mit Fakten besprochen werden, sodass auch die extremste Meinung durch Logik und Verstand eventuell zu einem besseren belehrt werden konnte.

Um so viele Informationen wie möglich herauszufinden, die auf Faktoren und logischen Schlussfolgerungen basieren, entwickelte Sokrates einen strukturierten Dialog. Diese philosophische Methode nannte er *"Mäeutik"*, beziehungsweise *"Mäeutik"*. Es war die sogenannte Hebammenkunst.

Der **Sokratische Dialog** fand also in seiner Anfangszeit noch nicht seinen richtigen Namen. In den späteren Jahren der Philosophie wurde diese Gesprächstechnik nach seinem Entwickler benannt; Sokrates. Zu dessen Zeit allerdings wäre ihm nicht im Traum eingefallen, eine Methode nach sich selber zu benennen. Der bescheidene Mann stattdessen benannte diese philosophische Methode nach seiner Mutter. Diese war eine Maia, eine Hebamme der Antike. Im Gespräch mit ihr soll er diese entwickelte Gesprächstechnik eines strukturierten Dialoges mit der damals handlichen Geburtshilfe verglichen haben. Schließlich ging es in diesem strukturierten Dialog darum, dass einer Person mit den richtigen Fragestellungen dazu verholfen werden sollte, vollkommen selbstständig einen betreffenden Sachverhalt herauszufinden, der entweder weiterhin die eigene Meinung und die darauf basierende Entscheidung befürworten sollte oder eben widerlegen sollte. Wenn letzteres geschah, dann ging es nicht mehr um das Versagen der eigenen Meinung, dann hatte derjenige nicht gegen die Meinung eines Anderen verloren, so wie es bis dahin in Streitgesprächen oftmals der Fall war, wenn irgendwann endlich jemand nachgab. Stattdessen veränderte sich nun eine Meinung oder es bildete sich eine komplett neue Meinung auf Fakten und logischen Grundlagen. Genau diesen Aspekt verglich die Mutter des Sokrates mit der Geburtshilfe. Die Einsicht der Gebärenden wurde mithilfe der Hebamme, welche eine Gelehrte beziehungsweise einen Lernhelfer darstellte, regelrecht geboren. Es entstand etwas vollkommen Neues, ein kleiner Säugling.

Während sich Sokrates eher auf den praktischen Teil dieser Aussage bezog, spielt der **Sokratische Dialog** der heutigen Zeit genau auf diese Aussage hin zurück. Schließlich wird diese Technik mittlerweile von Therapeuten dazu angewandt, jemandem seine beziehungsweise ihre eigene Entscheidungsfreiheit zu zeigen. Heute geht es darum, Personen dazu zu ermutigen, ihre eigene Meinung auszusprechen beziehungsweise überhaupt erst eine zu bilden. Es soll also etwas vollkommen Neues und Fremdes gebildet werden, so wie es auch bei der Geburt der Fall ist.

Es entstand damit eine vollkommen neue Art und Weise, ein Gespräch zu führen. In diesen Gesprächen übernahm Sokrates selbst eine leitende Position. Er übernahm die Führung während des allgemeinen Gesprächs und sorgte dafür, dass sich seine Schüler an die von ihm aufgeführten Regeln hielten. Diese Regeln besagten, dass es zu keiner abstrakten Besprechung der eigenen Meinung kommen soll. Dies bedeutet unter anderem, dass es niemals darum geht, die eigene Meinung einfach nur zu kommentieren oder versuchen, einen anderen Schüler von der eigenen Meinung zu überzeugen, sondern es ging darum, einen Sachverhalt wirklich darzustellen. Schwerpunkte und Inhaltsangaben sollten herausgefunden werden, ohne dass es zu einem allgemeinen Streitgespräch kommt, denn wenn eine Meinung auf Fakten basiert, dann kann diese nur schwer widerlegt werden.

Gleichermaßen wurde somit allerdings auch beschrieben, dass es viele verschiedene Meinungen geben kann, die auf denselben Fakten basiert. Vor allem Sokrates selbst profitierte somit an den ans Tageslicht gebrachten Informationen und Fakten, auf denen die Meinungen seiner Schüler basierten. Er selbst konnte somit nicht nur seinen Horizont erweitern und damit auch den Drang nach

Wissen gewissermaßen stillen, sondern seine Schüler und damit die nächste Generation an Philosophen lernten, sich auch gewissermaßen von deren eigenen Meinungen zu distanzieren. Sie konnten sich so weit distanzieren, dass sie auf reinen Fakten basierend Gespräche führen konnten, die letztendlich die Grundlagen von modernen, wissenschaftlichen Gesprächen darstellte.

Dafür, dass Sokrates allerdings als Vor- beziehungsweise Ursokratiker angesehen wurde, verfasste er selbst keine Schriften, in denen dies letztendlich zugrunde geht. Stattdessen waren es die Schriften seiner Schüler, besonders und hauptsächlich von seinen Schülern Platon und Xenophon, die letztendlich selbst ihre eigenen Schulen veröffentlichten. Auch sie verfassten nicht einfach nur irgendwelche Schriften, in denen sie ihre Erkenntnisse niederschrieben, sondern sie beschrieben regelrechte **Sokratische Dialoge**, schrieben diese nieder und betonten dementsprechend besonders starke Züge der Lehren des Sokrates. Allerdings bedeutet das unter anderem, dass die allgemeine Darstellung des historischen Sokrates sehr lückenhaft ist. Seine Philosophie schrieb er selbst nicht nieder, er verfasste keine Schriften, die er an seine Schüler weitergab. Stattdessen bildete er besagte Schüler verbal aus. Denn letztendlich basierte durchaus die **Sokratische Gesprächsführung** auf Regeln, die die Schüler einzuhalten hatten, Sokrates allerdings war niemals der Ansicht, dass einem Menschen selbst in seiner Lebensweise Regeln vorgeschrieben werden sollten. Die erste Demokratie, die Anfänger aller Völker-regierten Demokratien, brachte den Menschen bereits eine neu gefundene Freiheit. Eine Person damit wieder in noch stärkere Regeln hineinzubringen, die erneut wieder die Freiheit einschränkten, war somit gegen Sokrates' Lehren. Er wollte daher niemals ein Regelbuch niederschreiben, sondern brachte seine Lehren seinen Schülern verbal bei, welche diese genauso verbal weitergaben.

Die neue Generation von Philosophen allerdings, also die Schüler des Sokrates, schrieben ihre eigenen Lehren wiederum auf. Sie machten selbst Notizen und verglichen untereinander ihre Schriften, bevor sie selbst ihre eigenen Schulen gründeten. Dies bedeutet allerdings unter anderem, dass die Philosophie des Sokrates und damit auch all seine Lehren nicht nur lückenhaft sind, sondern eben auch voller Unsicherheiten. Dennoch nahm Sokrates eine herausragende Position in der allgemeinen Philosophiegeschichte ein. Trotz nicht vorhandener Schriften, aus denen seine Lehren hervorgehen konnten, bezeugte er eine nachhallende Wirkung, die in die Geschichtsbücher eingingen und seit jeher in der Psychologie als vorrangige Methoden der Selbstfindung im Bereich Entscheidungsfreiheit verwendet werden.

Das Leben des Sokrates war ein durchaus langes, im Vergleich der Lebensspanne der Antike. Er wurde 70 Jahre alt und hätte auch noch deutlich länger gelebt, wenn ihm gegenüber nicht ein Todesurteil verhängt worden wäre. Mit seinen Lehren, die auch besonders junge Kinder begeisterten, wurde das Urteil gesprochen, da viele anderen Philosophen gegenüber diesen extremen Handlungen der Annahme waren, dass dies ein verderblicher und damit negativer Einfluss auf die Jugend wäre. Zudem wurde auch das bis dahin recht moderne Gebot der Missachtung der Götter in das Todesurteil mit hinein gebracht. Aus den Schriften der Schüler ging hervor, dass dies gewiss nicht der Fall war und Sokrates hohe Achtung vor den Göttern hatte. Allerdings lebte er in einer bis dahin neu gefundenen Demokratie, welche somit deutlich weniger Regeln hatte, als es in einer Diktatur der Fall ist. Um eine Person damit aus dem Weg zu schaffen, war eine beliebte Aussage vor Gericht damit die Missachtung der Götter. Diesem fälschlichen Urteil stellte sich Sokrates, auch, wenn die Worte gegen ihn nicht der Wahrheit entsprachen. Es war allerdings sein Respekt vor den Gesetzen, weshalb er auf eine Flucht vor dem Todesurteil verzichtete, auch, wenn er dazu die Möglichkeit gehabt hätte. Hätte er diesen Gedanken allerdings durchgezogen, dann wäre das ein schlechter Einfluss zu seinen Anhängern gewesen, welche ihn regelmäßig im Gefängnis besuchten, sodass seine Lehren selbst in Gefangenschaft weiter gesprochen werden konnten. Es war genau diese

Tatsache, die den Umschwung der Zeit bewirkte. Seinen Wissensdurst gestillt habend, ließ er zu, dass das Todesurteil über ihn gesprochen wurde. Auch, als sich seine Freunde und Schüler an seinem letzten Tag versammelten, war er froher Stimme und sprach auch noch in seinen letzten Momenten über neu herausgefundene Informationen und Gedanken, denen er in der Isolation nachkommen konnte. Er zeigte damit, dass er trotz Gefangenschaft immer noch ein freier Mann war, ein Mann der Philosophie, der er sein gesamtes Leben gewidmet hatte.

Einer seiner Schüler, Alexander Demandt, schrieb in einer seiner überlieferten Schriften, dass Sokrates den Tod als eine Heilung vom Leben ansah, als die große Gesundheit, nachdem er seinen Wissensdrang so weit wie möglich befriedigen konnte. Damit fand auch die Metaphysik sich in einem vollen Kreis wieder. Die Frage des Lebens wurde mit dem Tod beantwortet, vor welchem so viele weitere Fragen um das allgemeine Sein beantwortet wurden.

Sokrates war allerdings nicht der einzige Sokratiker, auch wenn dieser Titel in unserer Zeit nach ihm benannt wurde. Als Vorsokratiker wurden bereits die Ontologen, wie Parmenides, die Naturphilosophen, deren größte Vertreter Demokrit, Heraklit und Thales waren, die Pythagoräer, die ihren Namen nach dem berühmten Vorsokratiker Pythagoras fanden und die Sophisten, welche eine der größten Philosophengruppen darstellten und dementsprechend berühmte Vertreter aufweisen wie Protagoras, Prodikos, Hippias und Gorgias. Ab dem sechsten Jahrhundert v. Chr. bildeten diese Zusammenkünfte von Philosophen die Vorsokratiker. Alle hatten eine ähnliche Denkweise wie Sokrates, allerdings fand die eigentliche Bewegung erst gegen 500 bis 400 v. Chr. statt. Die Schüler des Sokrates eröffneten ihre eigenen Schulen wie Platon, den Aristoteles unterrichtete, und Xenophon, aber einer der Schüler des Sokrates war auch Antisthenes, welcher Diogenes von Sinope unterrichtete, der wiederum zu einem bedeutsamen Kyniker seiner Zeit wurde. Von ihm lernten die Stoiker wie der

Gründer Zenon und seine Schüler, aber auch die Philosophen Chryssippus, Seneca und Epiktet der Antike, aber auch Marcus Aurel aus der neueren Zeit, ihre stoischen Lehren. Nach der Zeit des Stoizismus, also vom dritten Jahrhundert v. Chr. bis zum zweiten Jahrhundert n. Chr., entwickelten sich die Humanisten der Antike und die Neuplatonisten der Antike, bestehend aus Vertretern wie Cicero und Plotin.

In der Antike war der **Sokratische Dialog** damit eine Möglichkeit, ein Gespräch zu führen und die eigene Meinung aufgrund basierender Fakten zu verteidigen oder den eigenen Horizont zu erweitern. Auch blieben die Praktiken der verschiedenen Vertreter durch die Antike und damit vom sechsten Jahrhundert v. Chr. bis zum dritten Jahrhundert n. Chr., weitestgehend gleich. Diese Zeit wird als die Antike angesehen. Ab diesem Zeitpunkt sollte es noch sehr lange dauern, bevor die Philosophie auch nur ansatzweise zu der uns bekannten Psychologie wurde und noch viel länger dauerte es, bis die Hebammenkunst, die Mäeutik, zum eigentlichen **Sokratischen Dialog** und damit zur **Sokratischen Gesprächsführung** wurde.

Bevor allerdings über die **Sokratische Gesprächsführung** der Neuzeit gesprochen werden kann, musste erst über eine weitere historische Übersicht gesprochen werden.

Vom sokratischen Mittelalter bis zur heutigen Zeit

Die Sokratik entstand im fünften Jahrhundert v. Chr. Ab dem sechsten Jahrhundert v. Chr. allerdings wurden bereits viele verschiedene Gedankengänge miteinander vereint, die alle der Beantwortung mystischer Fragen entstammen und damit der Metaphysik. In der Antike waren diese Gedanken gleichbleibend. Sie beschäftigten sich mit etwas viel größerem, mit den übermenschlichen Faktoren, die kein Mensch jemals wirklich erfassen konnte. Der Wissensdurst dieser überlegenden Männer war damit unstillbar und doch widmeten sich so viele Philosophen vollkommen dem Erstreben nach Wissen.

Tatsächlich war dies auch zu der damaligen Zeit recht einfach. Die Zeit der Antike war eine besonders ruhige. Es gab durchaus Sklaverei und einem Großteil der Menschen wurden die Rechte entzogen, allerdings war es auch der Beginn der Demokratie und daher auch der Anfang der Menschenfreiheit beziehungsweise auch der eigenen Meinungsfreiheit. Den Menschen und besonders den Philosophen war es gestattet, ihre eigene Meinung auszusprechen. Es gab dennoch einige Grenzen, wie am Tod des Sokrates erläutert, welcher mit seinen Lehren vor Gericht einen schlechten Eindruck auf die Kinder der damaligen Zeit machte, dennoch allerdings war es deutlich stärker als früher nun erlaubt, die eigene Meinung zu sprechen und sich dementsprechend auch in philosophischen Gruppen zu treffen, die alle dasselbe Ziel hatten: das Erreichen von Wissen, der Austausch zwischen Informationen und das gesellige Beisammensein.

Nach der Antike allerdings änderte sich dies schlagartig. Der Begriff der Meinungsfreiheit wurde von einer bestimmten religiösen Partei sehr ernstgenommen. Die Christen begannen ab dem dritten Jahrhundert n. Chr. alle anderen Glaubensrichtungen zu vertreiben. Ihrer Meinung nach durfte es nur einen einzigen Gott geben; den christlichen Gott. Die Zeiten veränderten sich dementsprechend ab dem dritten Jahrhundert n. Chr., die Stoiker, welche direkte Nachfahren der Sokraten waren, wurden von den Christen vertrieben. Ihre Schriften wurden verbrannt und ihre Praktiken verteufelt. Die Sokratik allerdings lebte weiter.

Im Mittelalter zwischen dem zweiten und dem 15. Jahrhundert n. Chr. entwickelten sich erneut viele verschiedene Philosophengruppen, welche nun aber nicht mehr so aktiv praktiziert wurden, wie es noch einige Zeit davor der Fall war. Es entstanden beispielsweise die Patrisiker, die christlichen Neoplatonisten und auch die Scholastiker.

Die Stoiker waren direkte Nachfahren der Sokraten, allerdings unterschieden sie sich lediglich in einem einzigen Punkt. Im Bereich der Sokratik ging es niemals um Götter. Mit diesen beschäftigte sich die Metaphysik, welche versuchte, die übernatürlichen Fragen des Seins zu klären. Die Sokratik dagegen war vielmehr eine Methode der Informationsbeschaffung und die Schriften, welche von den Schülern des Sokrates angelegt wurden, enthielten dementsprechend auch keine Angaben über Götter oder mystisch essenzielle Fragen. Der Stoizismus allerdings, der sich aus der Sokratik weiter gebildet hat und auch den Sinn des Lebens versucht zu erforschen, ist deutlich individueller. Es geht im Grunde darum, das eigene Leben in vollen Zügen zu genießen und sich nicht aus der Ruhe bringen zu lassen, auch wenn die Umstände durchaus noch so schwierig sein können. Da der Stoizismus damit eher weniger eine Methode als ein wirklicher "Lifestyle" ist, bezog dieser auch den Gebrauch von Religionen und die Gedanken des Glaubens. Jeder Mensch sollte sein Leben schließlich so leben, wie er oder sie es für richtig hält, allerdings war der Glauben niemals das Hauptthema. Dies schrieben auch die Stoiker in ihren Schriften. Nur selten wurde ein Absatz wirklich dem allgemeinen Glauben gewidmet, diese wenigen Worte allerdings hatten den Christen gereicht, um den Stoizismus als eine

Religion anzusehen, obwohl dies niemals der Fall war. Sie fühlten sich damit angegriffen, weshalb jedwede Schriften der Stoiker verbrannt wurden. Die Stoiker wurden vertrieben, weshalb ihre Lehren lange Zeit in Vergessenheit gerieten, durch ein Missverständnis, welches nicht sich hatte beheben können.

Die Sokratik dagegen, von der der Stoizismus entstand, handelte niemals um Götter. Es war der Beginn der Demokratie, zumindest in Griechenland, weshalb es keinen einheitlichen Glauben gab. Deswegen ist heute die griechische Religion der Götter im Olymp zu einer Mythologie geworden. Durchaus gab es viele Menschen, die noch immer diese alten Lehren praktiziert haben und prachtvolle Schreie in ihrem Zuhause oder regelrechte Tempel und metergroße Statuen der Götter gebaut haben, doch in Griechenland beschäftigte man sich vor ein- bis zweitausend Jahren schon immer sehr gerne mit der Jura. Vor Gericht konnte nicht mit dem Argument, dass es der Wille der Götter war, jemand verurteilt werden, denn die Athener waren sich durchaus bewusst darüber, dass ihre Götter keine physische Gestalt hatten und dementsprechend auch keine Regeln in der physischen Welt der Menschen aufstellen konnten. In der Sokratik ging es also niemals um Götter, Religionen oder Mythologie.

Dies erkannten auch die Christen recht schnell, welche ab dem dritten Jahrhundert n. Chr. die religiöse Übermacht in Europa darstellten. Sie fühlten sich von anderen Religionen angegriffen, da es für sie nur einen einzigen Gott geben durfte, der auch Regeln aufstellen konnte, obwohl auch dieser Gott keine physische Gestalt hatte. Vom Gedanken der Logik und der Wissenschaft waren die Christen allerdings fasziniert und genau dies sahen sie in der Sokratik. Es war eben eine Methode der Informationsbeschaffung, zumal die Christen überaus fasziniert darüber waren, dass keine Streitgespräche ausbrachen. Dies geschah schließlich recht häufig, wenn versucht wurde, anderen Menschen die eigene Meinung aufzuzwingen. Die Sokratiker allerdings, auch wenn ihre Sprache eine andere war, versuchten sich aktiv mit den Christen auseinanderzusetzen, ruhig und gesittet, sodass im Mittelalter letztendlich viele Nachfahren der Sokraten entstanden, allerdings war das Thema der Sokratik weiterhin ein besonders heikles, denn nun war Europa kein freier Kontinent mehr, der auf den ersten Anfängen der Demokratie beharrten und in dem Recht und Ordnung herrschte, sondern es herrschten die Regeln der Christen, welche selbst von den auszuführenden Wachleuten verschieden interpretiert wurden. Es war dementsprechend eine recht dunkle Zeit, in denen die Wissenschaft nur schwer ihren Weg zurück in den Alltag der Menschen fand.

Weiterhin durfte auf gar keinen Fall auch nur ansatzweise über irgendeine andere Religion gesprochen werden. Die Christen machten keinen Unterschied zwischen Religion und Mythologie, weshalb der Großteil der Menschheit stark darauf achten musste, was ausgesprochen werden durfte und was nicht. Besonders im Bereich der Sokratik oder der allgemeinen Wissenschaft mussten die eigenen Worte daher auf Tatsachen basieren, dies war auch sehr häufig der Fall, allerdings gab es ein simples Problem. Um es einfach auszudrücken, war die allgemeine Intelligenz der Menschen nicht gerade hoch. Dies bezieht sich auf keine bestimmte Personengruppe, sondern der Kontinent und die Bevölkerungen der Länder waren geschwächt. Eine Zeit der großen Depression stand an, weshalb die wenigsten Menschen sich mit Wissenschaft oder gar Schulen beschäftigten. Vielmehr ging es um das blanke Überleben und da brauchte es eben nicht sonderlich viel Intelligenz. Das Problem im Bereich der Sokratik beschreibt sich damit sehr einfach. Die Worte konnten durchaus auf Fakten und Tatsachen basieren, aber wenn die Menschheit oder die auszuführenden Wachleute diese Fakten nicht verstanden, dann klangen die Worte in ihren Ohren immer noch ausgedacht und wenn etwas ausgedacht war, dann wurde es zu dieser Zeit sehr stark mit einer anderen Religion verglichen. In den Augen der Menschen damals musste dies schließlich so sein. Die kannten nur das Christentum und alles, was auch nur ansatzweise neu war, musste von einer anderen Religion abstammen, auch wenn die Worte beispielsweise auf

Naturwissenschaften beruhten. Sich mit höhergelegenen Themen zu befassen, die der Großteil der Menschheit nicht verstand, war deswegen immer ein sehr heikles Spiel und dennoch hat sich die Sokratik bis zum heutigen Tag durchgeschlagen. Sie überlebte das Mittelalter und brachte einige sehr berühmte Vertreter hervor.

Ein weiteres großes Problem war es, über den Prozess des Sokrates, den Urvater der Sokratik zu sprechen, da dieser Prozess oftmals mit der Kreuzigung des Jesu verglichen wurde. Dies war ein ganz besonderes Problem, da im Christentum die Kreuzigung Jesu einzigartig war. Er starb für die Sünden der Menschen. Das war etwas absolut Einmaliges, auch in den Schriften des Christentums, im Alten und im Neuen Testament. Nun den Tod einer anderen Person mit der Kreuzigung des Jesu zu vergleichen, auch wenn dieser Vergleich immer von den Christen kam, war dementsprechend ein sehr gefährliches Spiel. Während die Sokratik selbst also weiterleben durfte, mussten alle Anfänge vergessen und geheim gehalten werden, da ein jeder Anfang zu etwas deutlich Größerem werden konnte, als einfach nur einer wissenschaftlichen Methode. Die Parallelen zum Christentum waren sehr groß. Es gab einen Mann, der etwas verändern wollte und der dann fälschlicherweise hingerichtet wurde. Die Parallelen zwischen Sokrates und Jesus, so stumpfsinnig sie auch sein mögen, waren ein weiterer Punkt in den Augen der Christen, um sich angegriffen zu fühlen.

Deswegen geschah es, dass der Name des Sokrates für viele Jahrhunderte in Vergessenheit geriet. Sokrates wurde als christlicher Märtyrer dargestellt, von Männern wie Justin der Märtyrer, der Kirchenvater des zweiten Jahrhunderts und ein Apologet war. Nicht nur soll Sokrates in seinen Augen versucht haben, selbst zu einem Gott zu werden und sich über das Leben anderer zu stellen, sondern er soll auch versucht haben, die Menschheit von ihrem Götterglauben abzubringen. Obwohl Sokrates ein Mann der Wissenschaft war und sein Mäeutik lediglich eine Methode der Informationsgewinnung, sahen die Christen darin einen direkten

Angriff. Ihrer Meinung nach hatte Sokrates in dieser wissenschaftlichen Informationsgewinnung versucht, den "einzig wahren Gott" zu finden, welcher sich von dem Gott der Christen unterschied.

Sein Name geriet deswegen in Vergessenheit. Mehrere Jahrhunderte lang konnte in Europa nur schwer eine wirkliche Wissenschaft praktiziert werden. Dies kann beispielsweise sehr einfach mit der Hexenverbrennung des 18. Jahrhunderts verglichen werden. Die Frauen, die auf diesen Scheiterhaufen verbrannt wurden, waren mit sehr hoher Wahrscheinlichkeit keine Hexen, sondern Heilerinnen, Frauen, die sich mit der Kraft von Pflanzen auskannten. Wie allerdings mit der Sokratik und dem Stoizismus verstanden das sehr viele Menschen nicht und als der Großteil der Menschen dazu abgestimmt hat, begann die Verfolgung dieser Frauen, die eigentlich nur den Kranken helfen wollten.

Bereits im Spätmittelalter fand Sokrates allerdings seinen Namen wieder. Die neuen Wissenschaftler, die sich immer stärker ansammelten, bekamen von den neuen Universitäten nun Materialsammlungen zur Verfügung gestellt, mit denen sie eigenständig recherchieren konnten. Vinzenz von Beauvais war ein französischer Gelehrter, welcher für enzyklopädische Zusammenstellung des Mittelalters verantwortlich war. Allerdings schrieb er nicht nur über das allgemeine Mittelalter, sondern im Bereich des abendländischen Kulturkreises auch über Sokrates. Den christlichen Herren gefiel dies nicht sonderlich, allerdings war Vinzenz von Beauvais Bibliothekar, Kaplan und Vertrauter von König Ludwig IX. Er erzog und lehrte dessen Kinder, weshalb König Ludwig IX. ihm bei seinen Schriften absolut freie Hand ließ.

Zu dieser Zeit fand Sokrates seinen Namen allerdings nicht nur in Frankreich wieder, sondern auch außerhalb von Europa, in arabischsprachigen Welten. Dort war Sokrates unter dem Namen "Suqrāṭ" bekannt. Durch nicht ausstreichende Schriften und dementsprechend Recherchier-Möglichkeiten galt Sokrates dort als

Schüler des Pythagoras. Viele persische Philosophen nahmen Sokrates als Vorbild, weshalb dem athenischen Philosophen auch heute immer noch viele Sprachsammlungen und in Doxografien enthaltene Abschnitte ihm gewürdigt sind.

Wirklich berühmt wurde Sokrates allerdings erst wieder im 16. Jahrhundert. Die Humanisten dieser Zeit befassten sich stark mit seinen Lehren, da die Sokratik zu diesem Zeitpunkt recht untergegangen war. So wie Sokrates selbst mit dem Aufbau der Mäeutik versucht hat, eine Methode zu finden, mit welcher eine Meinungsverschiedenheit nicht sofort in einem Streitgespräch aufging, so versuchten dies auch die Humanisten des 16. Jahrhunderts. Sie waren mehr als nur ein wenig fasziniert davon, dass es über eintausend Jahre vor ihren eigenen Leben scheinbar eine gängige Methode der Informationsbeschaffung gegeben hat, welche nicht nur ruhig und gesittet vonstattenging, sondern welche dazu auch noch mehr als nur effektiv war. Diese Humanisten brachten Sokrates eine sehr hohe Werteschätzung entgegen, denn letztendlich hatte Sokrates vor der Zeit des ethischen Forschens genau das gemacht; er hatte ethisch geforscht und das mit einer absolut verkörperten Ernsthaftigkeit. Ein weiteres Mal wurde Sokrates damit zu dem Vorbild einer gesamten Menschenepoche, allerdings ging es dieses Mal deutlich weiter als noch in der Antike.

Regelrechte Gebete wurden ihm gegenüber erfasst, wobei dabei gesagt werden muss, dass diese Gebete nie sonderlich ernstgemeint waren. Die Humanisten des 16. Jahrhunderts hielten nicht viel von Religion. Sie respektierten die religiösen Ansichten anderer, selbst allerdings glaubten sie nicht daran. Sie waren Verfechter der Menschenrechte, welche in den Jahren zuvor von den Christen stark unterdrückt worden waren. Dennoch allerdings war die Sprache der Christen mittlerweile auch bei den Forschern zu finden. Es kam nicht gerade vor, dass Ausdrücke verwendet wurden, wie: "Heiliger Gott, steh mir bei" oder "Herr, beschütze mich". Diese Worte waren in der Sprache vorhanden und dementsprechend angewöhnt, auch es sich dabei oftmals um Sarkasmus handelte oder eben einfach an die allgemeine Gewöhnung des Umfeldes. Auch heute passiert es schließlich nicht gerade selten, dass eine nicht-religiöse Person "Oh mein Gott" oder "Um Himmels willen" sagt. So war es damals auch.

Für die Humanisten war Sokrates daher gewiss kein Gott, allerdings wurde er ähnlich präsent in den Leben dieser Menschen, wie es der christliche Gott war. Er wurde damit nicht gleichgestellt, sondern auch hier handelte es sich lediglich um eine Angewohnheit. Es geschah dementsprechend recht schnell, dass Ausdrücke verwendet wurden, wie "Heiliger Sokrates, bitte für uns!". Dieser Ausdruck entstammt den Humanist Erasmus, welcher dieses "Gebet" oftmals aussprach, meist allerdings um schwer christliche Personen zu provozieren. Er war einer der größten Verfechter, wenn es darum ging, den Christen zu zeigen, dass ihre Religion nicht auf Logik basierte, so wie es in vielen anderen Religionen und Mythologien der Fall ist. Er konnte diese Worte oftmals auch nur schwer zurückhalten, wenn ihn jemand darauf aufmerksam machte. Erasmus betrachtete sich als einen Schüler des Sokrates, so wie es viele Philosophen des 16. Jahrhunderts gemeinsam mit ihm taten.

Allerdings ging es noch viel weiter als das Erstellen von "Gebeten". In Zeiten der Aufklärung, welche auch im 16. Jahrhundert begann, bewunderten die Humanisten die Musterhaftigkeit des Sokrates. Zu besonderen Bewunderern zählten Christian Thomasius, Deist Anthony Collins und Denis Diderot. In dieser Zeit fand die Sokratik erst ihren Namen. Sokrates selbst benannte die Hebammenkunst der Mäeutik nach seiner Mutter, in der großen Aufklärung allerdings wurde aus dieser Mäeutik erstmal die Sokratik, benannt nach ihrem Schöpfer, auch wenn Sokrates selber dies nie gewollt hatte.

Nicht jeder allerdings war von ihm absolut begeistert. Die Lehren des Sokrates fanden mehr als nur ein wenig Begeisterung und selbst die größten Kritiker waren dennoch von diesen Lehren fasziniert. Nicht jeder einzelne Aspekt der Sokratik wurde allerdings als positiv angesehen. Jean-Jacques Rousseau, ein französischer Philosoph, Pädagoge und Komponist der Aufklärung war und um 1750 seine Zivilisationskritik veröffentlichte, war ein starker Anhänger des Sokrates. Er sah sich zwar nicht direkt als seinen Schüler an, so wie dies bei einigen weiter oben genannten Vertretern dieser Zeit der Fall war, dennoch praktizierte er die Sokratik privat, allerdings auch auf seiner Arbeit. Auch wenn er daher ein Anhänger des Sokrates war, kritisierte er ihn dennoch stark dafür, dass er ein bloßer Theoretiker war ein Lehrer, der in seinen öffentlichen Schulen über seine Theorien und Lehren sprach. Nach Rousseaus Meinung hätte Sokrates viel mehr in den Bereich der Politik gehen sollen. Ein christlicher Philosoph dagegen, Johann Georg Hamann, hielt die Lehren des Sokrates für erstarrt, auch wenn er sich dennoch bewusst darüber war, dass der Sokratik einiges positives abgenommen werden konnte.

Letztendlich fand die Sokratik und damit besonders die Philosophie ab dem Spätmittelalter starke Begeisterung. Ab diesem Zeitpunkt begann die Philosophie dann langsam in den Bereich der Psychologie überzugehen. Wann genau wurde die **Sokratische Gesprächsmethode** zu dem **Sokratischen Dialog** so, wie er heute in der Psychologie verwendet wird, wenn es darum geht, Menschen zu helfen, die nur sehr schwer eigene Entscheidungen treffen können?
Zwischen dem einfachen Übergang von der Philosophie zu der allgemeinen Psychologie gab es allerdings noch einen weiteren Schritt. Bevor die Philosophie zu einer Wissenschaft der Gedanken wurde, wurde besonders die Sokratik stark innerhalb pädagogischer Fähigkeiten verwendet. In der allgemeinen Sprachpädagogik ging es die meiste Zeit, so wie es manchmal auch heute immer noch ist, um das sture Auswendiglernen und Betonen von Silben. Dies allerdings konnte sich für manche Menschen besonders schwierig gestalten. Besonders Kinder, die in frühen Jahren bereits in der Pädagogik gelernt wurden, da sie in irgendeiner Form einen Sprachfehler hatten, kamen nur sehr schwer mit diesen

sturen Lehrmethoden zurecht. In der Pädagogik der Aufklärung, welche zum Zeitpunkt der Wende des 19. Jahrhunderts aktiv von Immanuel Kant und Georg Wilhelm Friedrich Hegel begründet wurde, ging es darum, eine deutlich interaktivere Methode der Pädagogik zu finden, damit auch kleinere Kinder oder Jugendliche dem Pädagogen folgen können. Der Gedanke einer veränderten Sokratik kam sehr schnell auf, auch wenn gesagt wurde, dass diese Methode womöglich ein wenig langsamer von Statten gehen würde als das sture Auswendiglernen des Lernstoffes. Diese Gedanken bestanden darin, dass die Sokratik beziehungsweise die Mäeutik eine Form der Informationsbeschaffung war. Anstatt also das Auswendiglernen zu praktizieren, wurde nun aktiv über eine Situation gesprochen, meist mit einer sehr dominanten Aussprache, damit besonders für Kinder auch ein gewisser Spaß vorhanden war.

Genau darum ging es letztendlich die nächsten Jahre. Das Mittelalter selbst und auch die Jahrhunderte danach waren eine schwere Zeit ohne Veränderungen, so dass schlechte Eigenschaften eine Zeitlang blieben. Die Bevölkerung war damit trostlos, lustlos und deprimiert. Die Arbeitstage waren grau und auch die private Zeit sah nicht sonderlich besser aus. Pioniere ihrer Zeit suchten deswegen aktiv nach Möglichkeiten, wie sie das allgemeine Leben der Menschen besser machen konnten. Dieser allgemeine Spaß, von dem auch innerhalb der Pädagogik seit diesem Zeitpunkt gesprochen wurde, fand sich auch bald in der Psychologie wieder.

Seit Anbeginn der Zeit gab es Menschen, die sich von der großen Masse unterschieden, sei dies durch das Aussehen oder eben der Denkweise. Zweiteres konnte auf sehr vielen verschiedenen Faktoren basieren, weshalb einige Ärzte und auch Philosophen aktiv versucht haben, herauszufinden, warum diese Personen so anders sind. Dieser allgemeine Spaß, der zur Wende des 19. Jahrhunderts den Weg zu den Massen fand, hatte den Nebeneffekt, dass sich gewisse Menschengruppen nun vielmehr vom Großteil der Bevölkerung selektierten. Menschen mit Depressionen oder mentalen Krankheiten beispielsweise konnte nur sehr schwer an diesem Spaß teilhaben, der sich in neuen Inventionen mit einem Mal überall im Leben der Menschen fand. Wer also nicht an diesem Spaß teilhaben konnte, der fiel natürlich sofort auf. Dementsprechend versuchten nicht nur Ärzte herauszufinden, was mit diesen Personen "falsch" war, sondern auch die allgemeine Menschheit war mit einem Mal sehr an diesen Menschen fasziniert, die sich so sehr vom Großteil unterschieden.

Das Buch "Psychological Types", geschrieben von Carl Gustav Jung, der ein sehr renommierter Psychologe zu seiner Zeit war, löste um 1921 einen regelrechten Ansturm auf die Buchläden Deutschlands aus. Das erste Mal war ein psychologisches Buch für die allgemeinen Massen geschrieben worden. Es brauchte nun kein Studium mehr, um die geschriebenen Sätze verstehen zu können, sondern der Inhalt des Buches war einfach verständlich und dementsprechend für jeden zugänglich. Zwei Jahre später wurde das Buch anschließend vom Deutschen ins Englische übersetzt, was letztendlich einen regelrechten Begeisterungsausbruch in vielen der großen Länder auslöste. Am Anfang des 20. Jahrhunderts war der Drang, Psychologie zu verstehen, mit einem Mal also sehr groß. Die Welt der Gedanken zu erforschen, wurde mit einem Mal mehr als nur ein klein wenig interessant und immer mehr schwere Fälle trauten sich, erstmalig Hilfe zu suchen.

Viele dieser jungen Männer allerdings, deren großer Traum es war, im Bereich der Psychologie zu studieren und sich dann in einem der Unterbereiche zu spezialisieren, mussten recht schnell feststellen, dass es innerhalb der Psychologie nicht einfach nur darum ging, verschiedene Persönlichkeitstypen festzustellen. Vielmehr ging es aktiv darum, Menschen zu helfen, die besondere Hilfe brauchten. Auch wurde hier erstmalig festgestellt, dass jeder einzelne Mensch und damit auch jeder Patient vollkommen individuell ist und dementsprechend individuell therapiert werden musste. Wie im Bereich der Pädagogik konnte nun nicht mehr einfach nur noch auswendig gelernt werden. Diese sture Weise zu lernen, klappte nur in den wenigsten Fällen, denn die Therapie im Bereich der Psychologie konnte nicht einfach so mit einem neurologischen Eingriff bei einer Schädel- oder Hirnverletzung verglichen werden. Eingriffe wie diese sind schwierig, dennoch allerdings stehen sie irgendwo in einem Buch und basieren dementsprechend auf aufgestellten Regeln. Es gibt präzise Schritte, die es zu befolgen gilt, wenn der Patient nicht unter dem Skalpell wegsterben sollte. Bei der Psychologie gab es so etwas nicht. Ja, es konnte kategorisiert werden, aber es gab keine genaue Anleitung. Aktiv musste sich damit ein Weg überlegt werden, wie mit diesem Individuum am besten umgegangen werden konnte und dies konnte mit einem aktiven Gespräch, in dem sich der Patient oder die Patientin beteiligte, sehr gut geschafft werden.

Von der Pädagogik fand die Sokratik ihren Weg damit in die Psychologie, allerdings war dieser Übergang nicht vollkommen flüssig. Stattdessen brauchte es viele Veränderungen, bevor aus der reinen Informationsbeschaffung letztendlich eine Methode werden konnte, mit welcher einer Person die Entscheidungsfreiheit zurückgegeben werden konnte.

In beinahe zweitausend Jahren hat sich die Sokratik stark verändert. Die ersten Anfänge beriefen sich vielmehr darauf, ein ruhiges Gespräch zu führen, als wirklich aktiv Entscheidungen zu treffen. In einer Zeit, in der die Demokratie gerade ihre ersten Schritte gemacht hat, war es verständlich, dass die Menschen nun begonnen hatten, öffentlich ihre Meinung zu sagen. Lange Zeit war dies schließlich verboten gewesen, nun allerdings war genau das erlaubt und der Großteil der Bevölkerung nutzte diese neuen Regeln auch konsequent aus. Ganz offen wurde damit die eigene Meinung angepriesen, allerdings bedeuteten die neu gefundenen Freiheiten auch, dass es nicht gerade selten zu zwei Meinungen kam, die sich aktiv voneinander unterschieden. Da jeder auf der eigenen Meinung beharrte, war es also schwer, ein normales Gespräch zu führen, weshalb es von Diskussionen zu Streitgesprächen ging, die oftmals nur unschön endeten. Der Philosoph Sokrates war dies recht schnell leid, weshalb die Hebammensprache, die Mäeutik, aktiv dazu verwendet wurde, genau diesen Streitgesprächen aus dem Weg zu gehen. Es sollte gesittet und ruhig miteinander gesprochen werden, sodass möglichst viele Informationen ans Tageslicht kamen. In der Antike wurde genau dieser Aspekt dafür verwendet, dass eine sehr radikale Meinung auf Logik basierend verändert werden konnte, nach über eintausend Jahren allerdings begann die Sokratik langsam ihren Weg in verschiedene Medizinbereiche zu finden. Erst war es die Pädagogik, in der kleine Kinder spielend erneut die richtige Aussprache lernten und letztendlich fand die Mäeutik ihren Weg in die Psychologie, damit Menschen, die in ihrer Vergangenheit stark unterdrückt wurden oder nicht den richtigen Mut haben, nun dazu gebracht werden konnten, vollkommen eigenständig eine eigene Meinung zu treffen, die ähnlich wie zuzeiten des Sokrates auf Logik basierte. Mit dieser Meinung konnten dann lebensverändernde Entscheidungen getroffen werden.

Wie allerdings funktioniert der **Sokratische Dialog** mittlerweile? Letztendlich hat sich die Sokratik stark in den letzten beinahe zweitausend Jahren verändert und auch die allgemeinen Vorgehensweisen der Psychologie unterschieden sich stark von den ersten Anfängen um 1920. Einhundert Jahre später gibt es viele neue Methoden, die sich nicht nur stark unterscheiden, sondern im allgemeinen Aufbau vollkommen anders sind. Mittlerweile werden Patienten nicht mehr als besonders kranke Menschen angesehen, sondern als Menschen, die ihr eigenes Leben verbessern wollen und auch den Mut dazu haben, genau dies zu tun, denn in der heutigen Zeit kann kein Mensch mehr dazu gezwungen werden, mit einem Psychologen zu sprechen.

Und dennoch haben immer mehr Menschen Probleme, ihre eigene Meinung auszusprechen und damit auch aktiv Entscheidungen zu treffen. Warum ist das der Fall? Die psychologischen Methoden der Therapeuten, Psychologen und Psychiater haben sich in den letzten Jahren stark verbessert. Warum also scheint es der Menschheit in diesen Bereichen immer schlechter zu gehen?

Der Sokratische Dialog

Tatsächlich ist dies recht einfach zu erklären. Hinterfragt werden muss in einer solchen Situation, warum sich die Psychologie in den letzten einhundert Jahren so stark verändert hat. Natürlich kann hier gesagt werden, dass die ersten Anfänge immer schwer sind und deswegen in der Vergangenheit einige Fehler gemacht wurden, weil die zu behandelnden Ärzte es einfach nicht besser wussten, auf der anderen Seite allerdings liegt der Grund auch stark bei dem Wandel der Zeit. Nicht nur die Menschheit, sondern die gesamte Welt hat sich in den letzten einhundert Jahren so stark verändert, wie davor in den letzten fünfhundert Jahren. Mit einem Mal wurde die Zeit damit unfassbar schnelllebig, das Leben der Menschen wurde immer hektischer und die ständigen Veränderungen waren für manche Menschen nur schwer auszuhalten. Während vor 1920 die mentalen Probleme der Menschen also eher der Natur entstammen, durch vererbbare Krankheiten beispielsweise oder natürlich auch traumatische Situationen, die einen recht kleinen Teil der Bevölkerung ausmachten. Mittlerweile allerdings sind mentale Probleme, Krankheiten oder Störungen fast schon zum Alltag der Menschheit geworden. Der Stress ist im Alltag jedes Menschen zu finden, das lässt sich einfach nicht verneinen. Bereits Kinder werden mit Erwachsenenproblemen konfrontiert und haben dementsprechend keine Zeit, ihre psychologische Entwicklung im Kindesalter fachgerecht abzuschließen. Stattdessen werden sie viel zu früh erwachsen und konnten dementsprechend niemals die Vorzüge einer "normalen" Kindheit genießen.

Dazu kommt auch noch, dass die Psychologie in den Massen dann große Aufmerksamkeit fand, als der Erste Weltkrieg gerade vorbei war. Der Zweite folgte kurz darauf, weshalb viele Länder nicht nur gespalten waren, sondern Familien waren entzweit und nicht gerade wenige Menschen haben durch den Krieg ein starkes Trauma erlitten. Dieses Trauma wird auf die eigenen Kinder projiziert, dadurch entsteht eine regelrechte Kette an mentalen Problemen, die stark generationsübergreifend ist und dementsprechend prozentual ansteigt, weshalb es immer mehr Menschen mit mentalen Problemen in den nächsten Jahren geben wird, bis diese "Probleme" irgendwann als vollkommen normal angesehen werden.

Die Menschen waren schon immer nicht nur sehr individuell, sondern jeder Mensch kannte auch die eigenen Rechte. Obwohl die Menschen im Mittelalter also stark unterdrückt wurden, besonders im Bereich der Arbeit, konnten sie dennoch aktiv im Privatleben Entscheidungen treffen und damit die eigene Meinung verändern. Dies lag darin, dass die Menschen die Arbeit oder das, was außerhalb des Hauses geschah, von ihrem Privatleben mit der Familie trennen konnte. Auch wenn der Arbeitstag unfassbar schwer war, dann gab es doch immer noch etwas, worauf sich die Menschen freuen konnten, wenn sie anschließend nach Hause kamen. Warum ist das heute nicht mehr der Fall?
Unglücklicherweise waren die Lebensverhältnisse damals zwar hart, aber die Familie hat zusammen gehalten, mittlerweile allerdings wird der Stress der Arbeit in das eigene Heim getragen und dort an den eigenen Kindern ausgelassen. Deswegen lernen Kinder mittlerweile in besonders jungen Jahren, sich vollkommen unterzuordnen, und zwar nicht nur, weil die Eltern anwesend sind, welche im Haus und in der Familie das Sagen haben, sondern sie fürchten sich vor der Wut der Eltern, welche mit Stress geladen nach Hause kommen. Dieses unterordnende Verhalten allerdings bleibt nicht nur zuhause. Wer unter solchen Umständen aufwächst, der trägt diese Eigenschaften auch in die Welt hinaus. Bereits im Kindergarten ordnen sich Krabbelkinder unter, weil sie es nicht anders

von zuhause kennen, weil der Umgangston rau ist und es ständig irgendwelche vollkommen absurden Strafen gibt. Diese Kinder schaffen es dann nicht, sich richtig zu entwickeln. Eine Persönlichkeit bleibt aus, da sie gelernt haben, ihre eigenen Emotionen und Gedanken zu unterdrücken, damit lernen sie auch niemals, eigene Entscheidungen zu treffen, die für das spätere Erwachsenenleben mehr als nur wichtig sind.

Genau hier setzt der **Sokratische Dialog** an. Da sich sehr viele der Menschen beziehungsweise der Patienten unterordnen, ist es für den behandelnden Therapeuten sehr schwer, diese Menschen aus sich herauszubekommen, aus dieser Schutzhülle der Unterwürfigkeit. Deswegen muss hier im Bereich der Antike mit absoluter Logik argumentiert werden.

Tatsächlich geht es hier auch ein wenig um Manipulation. In dem eine lange Zeit über eine bestimmte Situation geredet wird, bildet sich vollkommen unterschwellig eine Meinung. Je öfter und häufiger über diese Situation geredet wird, umso schwieriger wird es, diese Meinung wirklich für sich zu behalten. Aktiv versucht der Therapeut beziehungsweise die Therapeutin damit, die Gedanken des Patienten zu manipulieren, um ein positives Ergebnis zu erzählen. Dies ist ein Grund dafür, warum die Anwendung eines **Sokratischen Gespräches** so schwierig ist. Unglücklicherweise sind diese Ergebnisse nicht immer positiv, wenn der Patient beispielsweise die zu besprechende Situation nicht richtig verstanden hat. Wenn beispielsweise aktiv über Erinnerungen gesprochen wird oder über eine Situation, die für den Patienten oder die Patientin besonders schlecht ist, dann kann es mit der falschen Manipulation dazu kommen, dass diese Situation als eine positive wahrgenommen wird. Häusliche Gewalt beispielsweise wird dann als einen Ausdruck der Liebe betrachtet, was natürlich absolut falsch ist. Die **Sokratische Gesprächsführung** ist deswegen ein Thema, welches eigentlich als eine allerletzte Methode angewandt wird und dementsprechend bei recht schwierigen Fällen. Manchmal hilft bereits das simple

Reden mit einer außenstehenden Person über eine Position oder ein gesehenes Trauma, besonders hartnäckige Fälle allerdings brauchen besonders ausgefallene Methoden und Techniken, um wieder den Weg in die Realität hineinzufinden.

Grundsätzlich beschreibt ein **Sokratischer Dialog** damit das Hinterfragen von Situationen und Gedanken. Unterschieden wird genau dieses Hinterfragen von sozialhintergründlichen Gedanken in drei verschiedenen Formen des **Sokratischen Dialoges**. Damit wird zwischen dem *explikativen Sokratischen Dialog*, dem *normativen Sokratischen Dialog* und dem *funktionalen Sokratischen Dialog* unterschieden. In der heutigen psychologischen Therapie beschreiben diese Dialoge simple Fragen, die auf ein größeres Ganzes hindeuten und damit auf ein verändertes Sichtbild gewisser Situationen und Einstellungen. Es ist damit mehr als nur eine absolut interaktive Kommunikation, sondern es beschreibt das genaue, manipulative Hinterfragen einer Situation. In Bezug auf diese Fragestellungen geht es darum, gewisse Herangehensweisen zu entwickeln, die damit dem Patienten die eigene Entscheidungsgewalt entlocken sollen. Letztendlich geht es schließlich nicht darum, Hintergründe zu verändern, sondern darum, Ansichten zu vertiefen oder sie zu verändern. Der Hintergrund bleibt damit also immer derselbe, egal, wie oft über diese Situation gesprochen wird. Die **Sokratische Gesprächsführung** bleibt damit immer auf Logik basierend. Es werden keine Fakten verändert, sondern die Sicht des Patienten verändert sich durch das Betrachten von Perspektiven zu einem positiven oder negativen Spektrum. Wenn beispielsweise häusliche Gewalt als ein Liebesbeweis angesehen wird, dann verändert sich diese positive Ansicht langsam zu einer negativen und dementsprechend der Wahrheit hingegen. Wird auf der anderen Seite aber das eigene Dasein als negativ empfunden, durch ein unzureichendes Selbstbewusstsein oder einen nicht vorhandenen Selbstwert, dann kann das Besprechen dieser Situation dafür sorgen, dass die zielführenden Gedanken irgendwann positiv werden, wenn der Patient oder die Patientin ihren Selbstwert wieder finden. Wichtig ist allerdings zu verstehen, dass diese Menschen wirklich der festen Meinung sind, dass häusliche Gewalt beispielsweise etwas Positives ist oder ihr Leben nichts wert ist. Irgendein Erlebnis, wenn nicht sogar mehrere, hat sie dazu gebracht, schlecht von sich selbst oder positiv von einer schlechten Situation zu sprechen. Dazu kommt, dass diese Menschen oftmals denken, dass ihre Meinung auf Fakten und Logik basieren. Nur, weil ihnen diese Meinung eingeredet worden ist, heißt es allerdings nicht, dass sie der Wahrheit entspricht.

Deswegen arbeiten Psychologen, Therapeuten und Psychiater im Bereich des Sokratischen Dialoges auch vollkommen akzeptierend und damit unvoreingenommen. Sie müssen verstehen, dass die Meinung einer Person nur schwer zu ändern ist, so unterschwellig sie auch sein mag. Vor einer jeden Entscheidung muss sich schließlich erst eine Meinung gebildet werden. Sie stellen damit objektive Bezugspersonen dar, die in diesem Falle Moderatoren darstellen und dementsprechend Personen, die das Gespräch führen, aber keine eigene Meinung verkünden lassen, so wie dies normalerweise in einem psychologischen Gespräch der Fall ist. Dies ist überaus wichtig, um einen Patienten in einer solchen Situation nicht zu verängstigen oder mit der eigenen Meinung zu unterdrücken, sei diese noch so versteckt.

In normalen Therapeutengesprächen, in denen besagter Psychologe versucht zu helfen, lässt derjenige durchaus seine beziehungsweise ihre eigene Meinung verkünden. Im Bereich der Psychologie, welche eine empirische Wissenschaft darstellt, muss jeder Patient anders behandelt werden. Ein respektvoller Umgang ist eine Grundlage, damit sich der Patient öffnen kann, allerdings erklärt der Empirismus, dass nur in der Praxis wirklich herausgefunden werden kann, wie zwischen einzelnen Psychen differenziert werden kann. Daher wird meinungsbezogen und dementsprechend subjektiv versucht, einen Lösungsweg für den Patienten zu finden. Auch hier sollte allerdings angemerkt werden, dass nicht jeder Psychologe, Psychiater oder Therapeut so vorgeht. Denn obwohl meinungsbezogen auch praxisbezogen bedeutet, arbeiten viele dieser Ärzte absolut objektiv, da dies den Vorteil hat, dass der führende Therapeut selbst sich nicht zu viel von den Emotionen seines oder ihres Patienten mitreißen lässt. Selbst für jahrelang Studierte im Bereich der Psychologie kann es schwer sein, sich von gewissen Situationen abzuwenden, wenn der Patient beispielsweise von sehr traumatischen Erlebnissen spricht, die nicht alltäglich vorkommen. Solche Momente können einen ausgebildeten Psychologen durchaus aus der gefassten Rolle werfen, weshalb eine objektive Herangehensweise gewiss einfacher ist, eine subjektive Herangehensweise allerdings kann einem Patienten oder einer Patientin oftmals schneller helfen.

Der **Sokratische Dialog** allerdings rät davon ab. Hier geht es durchaus immer noch darum, ein gewisses Problem zu lösen und bei gewissen Störungen zu helfen, doch vielmehr soll hier mit Logik versucht werden, die Entscheidungsfindung des Patienten zu befürworten. Daher muss dieses Gespräch auch vollkommen objektiv geführt werden, damit der Patient nicht ansatzweise die Möglichkeit hat, sich an die Meinung des Psychologen zu wenden.

Patienten beziehungsweise Personen, die sich aus vielen verschiedenen Gründen nicht trauen, die eigene Meinung auszusprechen, klammern sich geradezu an die erstbeste Meinung eines anderen. In normalen psychologischen Gesprächen befinden sich zwei Personen in einem einzigen Raum - der Psychologe und der zu behandelnde Patient, der seine eigene Meinung nicht selber kund machen kann. Dementsprechend versucht der Patient fast schon verzweifelt, sich an die Worte des Psychologen zu klammern, wenn es darum geht, die eigene Meinung auszusprechen, auch, wenn es beispielsweise darum geht, ob derjenige etwas möchte oder nicht. Manchmal kann es sogar so tückisch werden, dass der Patient oder die Patientin versucht, die Gedanken der behandelnden Person zu lesen. Auch wenn der Therapeut sich beispielsweise mit der eigenen Meinung zurückhält und diese nicht verkünden lässt, dann bilden sich doch immer noch gewisse Erwartungen, die der Patient zu spüren bekommt. Wenn es beispielsweise also darum geht, über eine gewisse Situation und damit beispielsweise erlebtes Traumata zu sprechen, dann möchte dies der Patient oftmals nicht, wenn er aber denkt, dass der Therapeut genau dies will, aus welchem Grund auch immer, dann lässt er oder sie sich unglücklicherweise dazu überreden, auch wenn der Therapeut dazu gar nichts gesagt hat. Diese Problematik stellt eine weitere tiefreichende Spirale dar, in welche eine Person hineinfallen kann, wenn es um die Gedanken eines anderen Menschen geht. Es ist das "Was wäre, wenn"-Phänomen, welches auch viele Menschen einholt, die sich keine Hilfe bei einem Psychologen oder Psychiater suchen.

Die Gedanken eines Patienten könnten damit wie folgt aussehen: "Was wäre, wenn mein Therapeut will, dass ich von dieser Situation spreche, aber es nicht mache. Wird derjenige dann wütend werden? Und wenn ich darüber spreche, denjenigen aber überfordere? Aber wenn ich gar nichts sage, dann ist derjenige sicherlich enttäuscht".

Sehr viele Gedanken auf einmal brechen in einer solchen Situation auf einen Klienten ein, der sich freiwillig Hilfe gesucht hat. Obwohl der Therapeut also nichts gesagt hat, kann es manchmal zu sehr stressvollen Situationen kommen, die den Patienten das Suchen der Hilfe bei einem Studierten manchmal bereuen lassen.

Anhand des **Sokratischen Dialoges** allerdings gibt es dazu keine Chance. Hier muss der Patient eigenständig seine Gedanken aussprechen und bildet sich dementsprechend eine Meinung auf die Fragestellungen hin, die mit den verschiedenen Formen des **Sokratischen Dialoges** befürwortet werden können.

Psychologische Therapie und Beratung

Wie allerdings bereits erläutert, gibt es nicht einfach nur einen einzigen **Sokratischen Dialog**. Stattdessen gibt es verschiedene Situationen, in denen viele verschiedene Formen angewandt werden müssen, die sich alle ein klein wenig voneinander unterscheiden. Grundsätzlich kann allerdings gesagt werden, dass diese vielen Formen der **Sokratischen Gesprächsführung** alle aufeinander aufbauen. Es sind Schritte, die nacheinander abgearbeitet werden, um letztendlich an ein gewünschtes Ziel zu kommen, anhand einer eigenen Meinung über besagte Situation zu entscheiden. Dies ist schließlich das große und ganze Ziel, auf welches letztendlich hingearbeitet wird. Es geht nicht einfach nur darum, sich unterschwellig eine eigene Meinung zu bilden. Durch die gezielte, psychologische Manipulation, über die weiter oben bereits gesprochen wurde, entsteht vollkommen unterschwellig eine eigene Meinung. Diese allerdings auszusprechen, ist deutlich schwieriger und noch schwieriger ist es, als nächsten Schritt über die Situation als großes Ganzes zu entscheiden. Manche Entscheidungen können lebenswichtig sein, denn nicht gerade selten suchen sich Klienten einen Psychologen, Therapeuten oder Psychiater, um ihr Leben zu verbessern, in welchem Abschnitt auch immer. Gemeinsam mit dieser betreuenden Person müssen dann schließlich Entscheidungen getroffen werden, die so viel tiefgründiger sind als einfach nur das Aussprechen der eigenen Meinung.

Deswegen gibt es viele verschiedene Schritte, die alle auf die Entscheidungs-findung hinarbeiten und daher erst über das Erläutern der allgemeinen Situation gehen, über das Bilden der eigenen Meinung und dann letztendlich zum Aussprechen dieser Meinung, woraufhin in den meisten Fällen eine Entscheidung folgt. Ein solches Unterfangen ist schwierig und kann mitunter recht lange dauern. Deswegen ist es für viele Patienten und Patientinnen auch vollkommen normal, wenn dieser große Erfolg nicht bei der ersten

Sokratischen Gesprächsführung auftaucht. Sich mit einer neuen Situation zu befassen, ist immer sehr schwierig und noch schwieriger wird es, wenn die Entscheidungsfindung kein Nebenprojekt der eigentlichen Therapie ist. Viele Menschen mit einer posttraumatischen Belastungsstörung beispielsweise finden erst in einer Therapiesitzung heraus, dass sie Probleme haben, Entscheidungen zu treffen. Ihre Entscheidungsfreiheit zu finden ist dann vielmehr ein Nebenprodukt in der eigentlichen Therapie, als wirklich ein Hauptmerkmal. Diese Menschen haben mit einigen deutlich schwierigeren Dingen zu kämpfen. Andere Menschen allerdings kommen hauptsächlich deswegen zu einem Therapeuten oder in eine Klinik, dementsprechend steht die Entscheidungsfindung dann im Vordergrund. Der Unterschied hierbei liegt darin, dass im ersten Fall mit dem Ausführen eines **Sokratischen Dialoges** ein wenig gewartet wird. Vielmehr geht es darum, dass der Therapeut oder die Therapeutin den Patienten kennenlernt, der sich aktiv Hilfe gesucht hat. Zuerst muss verstanden werden, warum derjenige eine posttraumatische Belastungsstörung hat, was in der Vergangenheit geschehen ist und welche Auswirkungen diese Störung auf das restliche Leben des Klienten hat. Ganz andere Dinge stehen also im Vordergrund. Im zweiten Fall allerdings, wenn jemand sich Hilfe sucht, weil er oder sie beispielsweise in der Vergangenheit oder der Kindheit unterdrückt worden ist und es dementsprechend schwer hat, die eigene Meinung auszusprechen, wird meistens sofort mit einer Therapie begonnen, die genau auf diese Thematik abgestimmt ist. Hierbei tritt eine **Sokratische Gesprächsführung** also viel früher auf, als es normalerweise der Fall ist. Dies hat den Nachteil, dass sich der Patient nur schwer an die neue Umgebung gewöhnen kann. Sie stellt eine besonders stressige Situation für ihn dar, in dem es schwer ist, sich wirklich gehen zu lassen und die Wahrheit zu sagen.

Deswegen kommt es nicht gerade selten vor, dass die ersten Dialoge entweder nicht den Richtlinien entsprechen und dementsprechend auf Logik basierend sein sollten oder aber das Ziel ist nicht das richtige. Der **Sokratische Dialog** und auch die vielen verschiedenen Formen arbeiten alle daraufhin, dass eine Meinung geändert werden soll. Hierzu muss gesagt werden, dass jeder Mensch eine eigene Meinung hat, selbst Menschen, die ihr Leben lang unterdrückt worden sind. Diese Meinung zeigt sich innerlich, allerdings nicht äußerlich. Wenn also davon gesprochen wird, dass es absolut gar keine Meinung gibt, dann ist damit der äußerliche Anschein gemeint, denn unterschwellig bilden die eigenen Gefühle immer eine Meinung. Ob die Person diese auch wahrnimmt, ist eine andere Frage. So kann allerdings sehr gut beschrieben werden, dass der **Sokratische Dialog** nicht nur auf eine äußerliche Bildung der Meinung hin deutet, sondern auch auf eine Veränderung, wie veränderte Perspektiven oder gar ein verändertes Weltbild. Es ist dementsprechend gewiss kein Weltuntergang, wenn sich die Meinung des Klienten beim ersten Versuch nicht ändert oder derjenige noch nicht einsieht, wie negativ oder positiv eine gewisse Situation ist. Eine solche Umstellung braucht Zeit. Letztendlich ist es schließlich auch ein massiver Druck für die Psyche, wenn sich die Fakten mit einem Mal ändern und die Gedanken, die denjenigen ein Leben lang begleitet haben, sich mit einem Mal als falsch herausstellen. Dieser immense Druck und auch das Herausfinden der Wahrheit kann zu ganz anderen Problematiken und Nebenwirkungen führen wie beispielsweise das Auftreten von Panikattacken oder Angstzuständen. Es kann auch zu Zukunftsängsten kommen, wenn der Klient eingesehen hat, dass der jetzige Lebensweg falsch war oder es kann zu sehr sorgenvollen Gedanken kommen, wenn jemand beispielsweise Angst hat, eine Situation zu verlassen wie beispielsweise eine Beziehung voll häuslicher Gewalt. Auch mit so etwas muss ein Therapeut immer rechnen. Oftmals kann das Einsehen gewisser Dinge nämlich recht schnell gesehen.

Es muss nicht immer sofort zu Erfolgen kommen, doch wenn dies der Fall ist, dann geraten viele verschiedene Kettenbewegungen sehr schnell in Gang. Die Psyche des Menschen ist letztendlich lernfähig. Es ist wie bei einigen Kindern in der Schule, die beispielsweise jahrelange Probleme im Mathematik-Unterricht hatten und dann mit einem Mal, weil etwas von einer anderen Person oder auf einem anderen Weg erklärt worden ist, werden sie auf einmal sehr gut in diesem Fach, in dem sie niemals gut waren. Es ist ein allgemeiner Lernprozess und wenn dieser einmal begriffen worden ist, dann bewegen sich viele Dinge ins Rollen, die ansonsten versteckt geblieben wären.

Allerdings muss es dazu erst einmal kommen. Bis zu diesem Zeitpunkt braucht es oftmals viele verschiedene Sitzungen und viele verschiedene und besonders individuelle Herangehensweisen, um die Meinung eines Individuums zu ändern. Was sind also genau die ersten Schritte, die innerhalb des **Sokratischen Dialogs** eingeleitet werden?

Wie bereits angesprochen, unterscheidet sich ein **Sokratischer Dialog** zwischen drei Unterkategorien; dem *explikativen Sokratischen Dialog,* dem *normativen Sokratischen Dialog* und dem *funktionalen Sokratischen Dialog.* Diese Dialoge bauen alle aufeinander auf und sollen hier nun individuell besprochen werden.

Wenn Patienten ihre eigene Meinung nicht aussprechen können, wird meist mit der simplen Fragestellung "Was ist das?" begonnen. Der *explikative Sokratische Dialog* befasst sich mit der allgemeinen Begriffs- beziehungsweise Objekterklärung, welcher eine Situation oder einen Umstand beschreiben kann. Es sind die ersten Anfänge, in denen eine Situation zuallererst erklärt wird, bevor auch nur ansatzweise daran gedacht werden kann, sich selbst eine eigene Meinung zu bilden. Damit wird dem Klienten verständlich gemacht, dass es hierbei nicht um die Meinung des Therapeuten, Psychiaters oder Therapeuten geht, sondern dass die Situation auf Logik basierend analysiert werden soll. So bekommt der Patient den ersten Eindruck, dass er oder sie sich nicht einfach nur an der Meinung eines anderen festklammern kann. Innerhalb der allgemeinen Logik gibt es keine Meinung. Fakten basieren nicht auf Meinung, genauso wenig wie es bei einer wissenschaftlichen Analyse der Fall ist. Genau dieses Prinzip wird innerhalb des *explikativen Sokratischen Dialogs* angewandt.

Es geht hierbei um zwei Hauptbereiche: als allererstes wird dem Patienten die Angst vor der ausstehenden Entscheidung genommen. Stattdessen wird um die Situation herumgeredet, um die Gedanken von dem eigentlichen Ziel erstmal weg zu bewegen. Wenn eine Entscheidung ansteht, dann kann dies für viele Menschen recht schwierig sein, auch wenn es nicht so drastisch ist, dass sofort ein Therapeut aufgesucht wird. Die meisten Menschen haben damit einige Probleme, besonders dann, wenn es lebenswichtige Entscheidungen sind. Jeder Mensch, der sofort mit einer Entscheidung konfrontiert wird, wird in den meisten Fällen recht schnell überfordert sein und eben nicht sofort eine Entscheidung treffen können. Es braucht ein wenig Zeit, damit sich genug Gedanken über die Situation gemacht werden können. Auch hier wird genau dieses Prinzip angewandt. Im ersten Schritt werden die Gedanken einer Entscheidung auf eine "einfache" Analyse gelenkt. Dies kann einiges an Stress von den Schultern des Klienten nehmen und damit auch besonders viel Angst, welche sich vielleicht angestaut haben kann, denn letztendlich braucht es sehr viel Mut, um wirklich Entscheidungen zu treffen, besonders dann, wenn so etwas noch nie zuvor wirklich gemacht worden ist.

Im zweiten Schritt innerhalb des *explikativen Sokratischen Dialogs* geht es wirklich darum, die allgemeine Situation zu besprechen. Es geht hierbei also um die besagte Analyse, welche auch "normale" Menschen ohne diese starken Probleme durchlaufen. Eine Entscheidung zu treffen, ist schließlich niemals einfach, innerhalb der Therapie wird also dieser fast schon normale Vorgang einfach nur deutlich vertieft. Während die Situation besprochen wird, kann es oftmals bereits zu den ersten Anfängen einer eigenen Meinung kommen.

Dies kann beispielsweise mit dem Lesen eines Buches beschrieben werden. Bereits der Einband oder der Name des Buches ruft in den meisten Menschen eine gewisse Reaktion hervor und oftmals möchten gewisse Bücher gar nicht erst gelesen werden, da der Einband oder das Buchcover vielleicht nicht ganz so schön ist oder der Buchtitel beziehungsweise der Rückentext nicht gerade ausreichend ist. Dennoch kann es dazu kommen, dass dieses Buch trotzdem gelesen wird. Nicht gerade selten kann es dann zu sehr positiven Überraschungen kommen. Während dem Lesen des Buches verändert sich die eigene, anfängliche Meinung. Allerdings ist die Zeit, die für das Lesen eines Buches beansprucht wird, deutlich kürzer, selbst wenn es sich dabei um einen sehr langen Roman handelt, als die Zeit, die es braucht, um der Entscheidungsfreiheit näherzukommen. Es ist also ein Prozess, der die Meinung der Person ändert, sowie die Ansichten und die Perspektiven auf gewisse Situationen.

Allerdings geschieht dieser Umstand meist nicht im ersten Durchlauf des *explikativen Sokratischen Dialogs*. Manchmal geschieht dies im gesamten **Sokratischen Dialog** nicht, sondern erst nach vielen verschiedenen Anläufen, in denen all die verschiedenen Schritte durchlaufen wurden. Grundsätzlich kann allerdings gesagt werden, dass es dieser erste, allgemeine Schritt ist, der in vielen Menschen, auch außerhalb der Therapie, eine eigene Meinung oder zumindest die ersten Ansätze davon hervorruft, denn in den meisten Fällen kann recht schnell gesagt werden, ob diese Situation gemocht wird oder eben nicht, wenn nur tiefgründig genug darüber gesprochen wird. Allerdings soll hier betont werden, dass diese großen Erfolge im ersten Schritt auf gar keinen Fall ein Muss sind. Vielmehr sind es Nebenprodukte zu dem eigentlichen Ziel beziehungsweise den eigentlichen Zielen: der Analyse der Situation und der Beteiligung des Patienten. Letzteres ist schließlich bei der **Sokratischen Gesprächsführung** am wichtigsten.

Der Klient muss sich beteiligen und wenn es nur darum geht, dass er oder sie stark genug über die besagte Situation nachdenkt. Auch hier sind damit keine riesigen Erfolge zu erwarten. Grundvoraussetzung ist lediglich, dass die Person zuhört und sich aufrichtige Gedanken über die Situation macht, welche der Therapeut objektiv und auf Logik basierend erklärt.

Im zweiten Schritt wird die eigene Moralvorstellung beschrieben. Nun wurde die allgemeine Situation beschrieben, um was es sich genau handelt und wie sich die besagte Situation auf das Leben der Person auswirkt. Das allerdings reicht noch nicht. Zwar wurden die Hauptfakten geklärt, nun allerdings muss die Moral dahinter geklärt werden. Der *normative Sokratische Dialog* und damit die zweite Variante im Bereich der **Sokratischen Gesprächsführung** beschreibt damit die simple Fragestellung "Darf ich das?".

Durch verschiedene ethische Hintergründe oder Moralvorstellungen, die von denen der Masse abweichen, kann es hier zu Schwierigkeiten im Bereich dieser Fragestellungen kommen. Die Erlaubnis auf der Hinsicht einer gewissen Tat ist durch viele verschiedene Faktoren entweder gegeben oder verboten. Hierbei spielt das allgemeine Recht und die Regeln des Staates eine große Rolle, die sich in Form der Exekutive und Judikative zeigen, aber eben auch die ethnischen Vorstellungen von Religion und Kultur, dazu zählt allerdings auch die Nachsicht und die Nächstenliebe in Hinsicht auf Personen im näheren Umfeld und die Mitmenschen, die durch die besagte Tat Schaden erleiden können. Das ist ein recht kompliziertes Arbeitsfeld. Die Regeln des Staates beziehen sich immer noch auf Fakten und Logik, schließlich darf niemand einfach so eine andere Person überfallen oder einen Laden ausrauben. Dies steht fest im Gesetz und keine Ausrede kann diese Tat entschuldigen. Gewisse Dinge allerdings basieren auch auf ethnischen Vorstellungen, die von einer Kultur zur nächsten vollkommen unterschiedlich sind. Ein beliebtes Beispiel ist das Tragen einer Burka in islamischen Kulturen. Die Verhüllung von Haar und Gesicht ist für die Frauen dieser Kulturen eine Ehre und der Großteil von ihnen tut dies mehr als nur freiwillig. Sie finden einen großen Gefallen daran, die Burka oder eine andere Bedeckung als ein stilistisches, modisches Accessoire zu tragen. In einigen Ländern ist dies allerdings verboten. Seit Neustem hat Frankreich die Regel eingeführt, dass keine Verhüllung mehr von islamischen Frauen getragen werden darf. Der Staat verbietet es also, die Religion befürwortet es allerdings.

Andersherum ist es genauso. In Schwimmbädern darf beispielsweise keine Burka getragen werden, die Religion befürwortet es. Allerdings ist dies nur ein einfaches Beispiel. Auch kann hier das Fasten beispielsweise genannt werden. Staatlich gesehen darf beinahe überall gegessen werden und auch zu egal welcher Tageszeit, das Fasten in vielen verschiedenen Religionen, nicht nur im Bereich des Südosteuropa, verbietet es allerdings aus religiösen Gründen, wobei auch hier diesen Tätigkeiten freiwillig gefolgt wird.

Der allgemeine Gedanke an die Fragestellung: "Darf ich das" kann dementsprechend für viele Menschen recht schwierig sein. Das Gesetzbuch ist sehr klar formuliert und es gibt viele Möglichkeiten, sich selbst zu informieren, wenn ein Gesetz nicht sofort ersichtlich scheinen sollte. Von einem rechtlichen Standpunkt aus ist die Sachlage damit recht schnell geklärt, persönliche Gründe allerdings spielen neben religiösen und kulturellen Ansichten auch eine sehr große Rolle. Opfer von häuslicher Gewalt beispielsweise sind sich sehr gut darüber bewusst, dass es die Regeln des Landes verbieten, dass sie verletzt, geschlagen oder regelrecht gefoltert werden dürfen. In Ausnahmefällen und mit definitiver Erlaubnis der Person ist es erlaubt, dies ist allerdings niemals im Falle von häuslicher Gewalt der Fall. Obwohl sich diese Menschen also der Problematik bewusst sind, dass der Staat dies eindeutig verbietet und dies mit sehr gutem Grund, finden sie trotzdem immer wieder Entschuldigungen und Ausreden, warum es allerdings doch okay war, warum der Angreifer dies tun durfte, warum der Schlag der Person gerechtfertigt war, wie beispielsweise, dass dies einfach der Ausdruck der Liebe sei oder dass die Person selbst es doch verdient hätte. Dies ruft eine ganz neue Problematik hervor. Im Bereich des Subjektivem, wie es hier der Fall ist, gibt es zwei ganz wichtige Themen zu besprechen. Neben den Regeln des Staates, die auf Logik und guten Gründen basieren, kann das eigene Wohl und das anderer sehr subjektiv sein. Einerseits darf also nicht nur gefragt werden "Darf ich das?", sondern auch "Darf derjenige/diejenige das?"

Oftmals beginnt der allgemeine Widerstand der Klienten bei dieser Fragestellung bereits zu brechen. Nicht jede Tat kann gerechtfertigt werden. Im Bereich der häuslichen Gewalt versuchten die Opfer so viel wie möglich der Aktionen des Angreifers zu entschuldigen und zu rechtfertigen, da die Gesellschaft Opfer von häuslicher Gewalt unglücklicherweise als sehr schwach empfindet. Sie versuchen sich damit selbst zu schützen, haben allerdings auch Angst davor, diesen einen, ganz wichtigen Schritt in Richtung der Freiheit zu wagen und dieser bedeutet eben, dass die Beziehung beendet werden muss. Davor haben diese Menschen Angst, weshalb sie nach immer mehr Ausreden und Entschuldigungen suchen mit dem Gedanken "Derjenige hat es nicht so gemeint" oder "Diejenige ändert sich bestimmt". Irgendwann allerdings wird auch diesen Menschen klar, dass nicht jedes Verhalten gerechtfertigt oder entschuldigt werden kann. Dafür muss nur oft genug über Situation gesprochen werden und vor allem muss sie hinterfragt werden. Irgendwann gehen die gutherzigen Argumente aus und die Opfer dieser Gewalttaten sehen langsam ein, dass das Handeln ihrer Angreifer nicht richtig war und dass es nicht erlaubt ist, von einem ethnischen Standpunkt und erst recht von einem gesetzlichen Standpunkt.

Der *normative Sokratische Dialog* behandelt damit einen sehr schwierigen Bereich. Im Vergleich zum ersten Schritt und damit dem *explikativen Sokratischen Dialog* kann definitiv eine Steigerung im Schwierigkeitsgrad gesehen werden. Hier kann bereits erkannt werden, dass der Klient in der Therapiesitzung langsam immer weiter getrieben wird, bis es unterschwellig zu einigen Veränderungen kommt. Während im ersten Schritt nur die reinen Fakten betrachtet worden sind, welche nicht durch irgendeine Meinung beeinflusst werden können, kam nun zumindest ein kleiner subjektiver Teil hinzu, der ansatzweise in die richtige Richtung leiten soll. Der Patient wird damit ganz langsam an das endgültige Ziel einer Entscheidung herangeführt. Hier sollte also auf die nötige Vorsicht geachtet werden, auch wenn hier nur ein kleiner Teil des Meinungsbildens hinzukommt.

Grundsätzlich ist allerdings auch hier wichtig zu sagen, dass der Therapeut und damit die betreuende Person, welche das Gespräch führt, auf gar keinen Fall die eigene Meinung mit ins Spiel bringen darf. Dies würde den Klienten lediglich einen Grund geben, sich erneut hinter der Meinung eines anderen zu verstecken. Zwar handelt es sich hierbei noch nicht um das allgemeine Äußern der eigenen Meinung, allerdings wird hier logisch und rational über eine gewisse Situation gesprochen. Genau dieses rationale Denken bricht die Widerstands-fähigkeit mit Leichtigkeit, da die Patienten ihre eigenen, manchmal dysfunktionalen Ideen zu widerlegen, so, wie im Bereich der häuslichen Gewalt erläutert. Der Patient beziehungsweise die Patientin muss von selbst herausfinden, was an der Situation nicht richtig ist, ob diese Situation nun die Person selbst betrifft oder doch eher eine andere Person.

Der zweite Schritt und damit der *normative Sokratische Dialog* stellt damit die ersten Anfänge von subjektiven Situationen dar, die im letzten Schritt verfeinert und ausgebaut werden sollen, sodass es letztendlich nicht mehr nur noch um die reinen, auf Realität basierenden Fakten geht, sondern um das eigene Befinden und die eigene Meinung, die sich im letzten Schritt besonders zeigen sollte, allerdings ist auch dies kein Muss. Natürlich ist die Fähigkeit, selbst über Situationen zu entscheiden, das große Ziel, auf welches auch hinausgearbeitet werden sollte, letztendlich allerdings braucht es oftmals viele verschiedene Anläufe, bevor es überhaupt irgendwelche Erfolgserscheinungen gibt. Der erste Durchlauf, der nicht sofort funktioniert, sollte allerdings nicht als Fehlschlag angesehen werden. Dies soll im nächsten Kapitel ausführlicher erläutert werden, nachdem nun der dritte Schritt der allgemeinen **Sokratischen Gesprächsführung** besprochen werden soll.

Nachdem damit die allgemeinen Fragen geklärt worden sind, welche Aufschluss auf die eigentliche Situation gegeben haben, kann nun mit der allgemeinen Meinungsbildung begonnen werden. Dies ist für jeden Patienten ein schwieriger

Schritt, weshalb sich die dritte Form des **Sokratischen Dialoges** mit der allgemeinen Frage beschäftigt "Soll ich das?". Der *funktionale Sokratische Dialog* fasst damit die allgemeinen Alternativgedanken zusammen, welche nicht direkt auf die eigene Meinung verweisen, sondern vielmehr eine Erweiterung der eigenen Moral darstellen. Doch nur, weil etwas erlaubt ist, bedeutet dies schließlich nicht sofort, dass eine Person sich auch der Situation bemächtigen muss. Die Fragestellung der allgemeinen Alternativgedanken unterscheiden sich daher vom zweiten Schritt, in welchem eine allgemeine, ethische Rechtsannahme geklärt wurde.

Auch hier muss allerdings eine zweite Frage dazugestellt werden. In den wenigsten Fällen ist die Person selbst das ausschlaggebende Problem, damit diese Person nicht die eigene Meinung aussprechen kann. Selbst ein mangelndes Selbstwertgefühl, welches von innen heraus kommt, ist dennoch durch andere Personen entstanden, durch traumatische Erlebnisse, durch Kommentare von anderen Menschen beispielsweise. Nur selten trifft die Frage "Soll ich das?" also wirklich auf das Problem zu. Vielmehr ist es, wenn wieder im Bereich der häuslichen Gewalt gesprochen wird: "Soll er/sie das?". Auch hier ist es allerdings nicht gerade selten, dass auch hier versucht wird, Entschuldigungen und Ausreden für das Verhalten der anderen gesucht und dann ausgesprochen werden. Tatsächlich ist dies eine vollkommen natürliche Abwehrreaktion. Die eigene Psyche versucht damit eine gewisse Situation nicht ganz so schlimm wirken zu lassen, um besser mit besagter Situation klarzukommen. Auch wenn dies also eine vollkommen natürliche Schlussfolgerung ist, so ist dies gewiss keine positive Reaktion. Durchaus, für den Moment kann mit der Situation besser klargekommen werden, doch klarkommen bedeutet nicht verarbeiten. Wenn die Situation nicht eingesehen wird, und zwar im vollen Ausmaße, dann kann der Heilungsprozess nicht begonnen werden. Verglichen werden kann das beispielsweise mit einer Fraktur oder einem Knochenbruch, der nicht von alleine wieder zusammen wachsen wird. Wenn niemals ein Arzt aufgesucht wird, dann wird dieser Bruch niemals zusammen wachsen und die allgemeine Problematik bleibt. Erst mithilfe eines Arztes, der dann eine Schiene anlegt oder gar operieren muss, kann der Heilungsprozess beginnen. Mit dem Realisieren der Situation ist es im mentalen Bereich genauso.

Zu diesem Punkt zu gelangen ist allerdings gewiss nicht einfach, deswegen kann im Bereich des *funktionalen Sokratischen Dialogs* ein kleiner Trick angewandt werden; die Fragestellung wird einfach umgedreht. Erneut im Bereich der Problematik der häuslichen Gewalt kann den Opfern mit der Umdrehung der Fragestellung klargemacht werden, dass diese Gewalt gewiss nicht richtig war. Dafür wird einfach gefragt, was das Opfer selbst in dieser Situation gemacht hätte. Hätte das Opfer jemand anderen geschlagen? Wäre das Opfer laut geworden? Hätte das Opfer die Hand erhoben? Die Antwort ist meist immer gleich. Nein, die Opfer hätten absolut keine Gewalt angewandt, und zwar, weil sie es nicht dürfen, weil es verboten ist, anderen Menschen Leid zuzufügen, besonders von einem rechtlichen Standpunkt aus gesehen. Nachdem das eingesehen wurde, kommt es zu der entscheidenden Drehung der Fragestellung: wenn das Opfer keine Gewalt anwenden darf, warum darf es dann der Angreifer?

Nach diesen vielen Schritten, die der **Sokratische Dialog** beinhaltet, beginnt der Klient, die Situation besser zu verstehen. Zwar wurden die fundamentalen Grundlagen im ersten Schritt ganz deutlich erklärt, allerdings ist besonders der dritte Schritt ausschlaggebend dafür, dass bewusst über eine Veränderung der Situation nachgedacht wird. Die ersten beiden Fragestellungen sind recht neutral ausgelegt. Der *explikative und der normative Sokratische Dialog* bauen auf das Erklären von besagter Situation. Es ist kaum mehr als eine Analyse, die auf das letztendliche Ziel vorbereitet, als eine so viel schwierigere Aufgabe. Der *funktionale Sokratische Dialog* dagegen stellt eine direkte Herausforderung dar, welche mehr als nur ernstgenommen werden sollte. In dieser Herausforderung wird die Psyche des Patienten aktiv dazu gedrängt, nun nicht mehr nur noch logisch über die Situation nachzudenken, sondern auch besonders mit den eigenen Gefühlen. Im genannten Beispiel können Emotionen wie Wut und Missverständnis auftreten, aber auch Frustration sowie Zukunftsängste. Wenn diese Emotionen auftreten, in welcher Form auch immer, auch wenn es Traurigkeit oder das Gegenteil des Glücks sein sollte, dann hat sich bereits unterschwellig eine Meinung gebildet. Diese gilt es nun, ans Tageslicht zu bringen und damit auszusprechen.

Hier kann daher sehr logisch argumentiert werden, und zwar so, dass auf eine Äußerung des Befindens angespielt wird, die sich nicht einmal in Worten, sondern auch nur in simplen Gefühlen zeigen können, wobei der Patient ganz unterbewusst die eigene Meinung ausspricht oder sie dem Therapeuten, Psychiater und Psychologe oder simpel gesagt, dem Betreuer zeigt. Denn wenn simple Antworten fallen wie die Äußerung des eigenen Befindens, selbst, wenn sie noch so neutral erscheinen mag, dann ist dies dennoch unterbewusst eine Äußerung der eigenen Meinung, die bereits die Antwort auf die Frage darstellt. Dies allerdings muss weiter ausgebaut werden.

Jemand, der im Bereich der Psychologie studiert hat und dementsprechend ausgebildet ist, wird es sehr einfach haben, diese kleinen Signale zu sehen, die der Klient von sich gibt, wenn über Gefühle gesprochen wird. Unterbewusst zeigt der Patient seine Meinung, die der Therapeut lesen kann, durch die jahrelange Erfahrung. Durchaus ist dies bereits ein großer Schritt in die richtige Richtung, denn das noch so kleine Zeigen einer kleinen Meinung ist bereits der richtige Weg, allerdings reicht dies noch lange nicht für den Gebrauch im Alltag. Nur wenige Menschen sind tatsächlich sensibel genug, die kleinen Schwingungen wahrzunehmen, die die Mitmenschen aussenden. Diese ganz kleinen Signale in der veränderten Körpersprache, der Mimik oder der Gestik, bleiben meist versteckt. Durchaus sind sie da, allerdings werden sie nur selten gesehen. Es braucht deswegen eine deutlich stärkere Gefühlsäußerung als nur kleine Anzeichen, denn im Erwachsenenleben kommt es nur sehr selten vor, dass der

Chef oder die Chefin hochsensibel genug sind, um genau diese kleinen Anzeichen wahrzunehmen. Und selbst wenn, welchen Grund würden sie haben, darauf einzugehen? Wer ein eigenes Unternehmen leitet, braucht fähige Arbeitskräfte, die mit dominanter Hand geführt werden müssen, damit sie auch wirklich ihrer Arbeit nach gehen. Durchaus würden es sich sehr viele Menschen wünschen, wenn der Chef diese ganz kleinen Anzeichen erkennen würde oder die Chefin auf diese eingeht, letztendlich allerdings ist dies ein großes Wunschdenken, weshalb aktiv dagegen gearbeitet werden muss. Es wird also ein weiteres Mal der Person selbst überlassen, aktiv Entscheidungen zu treffen und damit auch die eigene Meinung auszusprechen.

Der **Sokratische Dialog** ist damit ein stilistisches Mittel, welches die ersten Anfänge der Entscheidungsfreiheit befürwortet. Gewiss ist dies kein einfacher Weg und in der Praxis sieht dies noch einmal deutlich schwerer aus. Das Problem ist schließlich, dass der **Sokratische Dialog** zwar eine eigene Meinung und dementsprechend eine Entscheidung provoziert, auf Logik und Fakten basierend, allerdings liegt es noch immer an dem Patienten, diese wirklich auszusprechen. Deswegen soll hier noch einmal gesagt werden, dass es gewiss kein Fehlschlag ist, wenn der erste Durchlauf der Schritte nicht auf Anhieb funktioniert. Die meisten Menschen, die Probleme haben, eigene Entscheidungen zu treffen, wurden ihr Leben lang unterdrückt. Mit einem Mal also dazu gefördert zu werden, eigenhändig Meinungen zu bilden und sich nicht mehr an den Entscheidungen der anderen Menschen festzuklammern, ist gewiss nicht einfach und mehr als nur schwierig. Es ist oftmals eine absolut neue Situation, die diejenigen dazu bringt, aus ihrer Komfortzone hinauszukommen. Denn obwohl diese Menschen unterdrückt wurden und oftmals schlimmes durchlaufen mussten, sind sie es doch dennoch gewöhnt gewesen. Sie wussten, wie sie damit umzugehen hatten. Dieses sichere Leben dagegen, in dem sie ihre eigenen Entscheidungen treffen und dementsprechend über ihr eigenes Leben bestimmen können, ist dagegen neu. Sie wissen nicht, wie sie zu reagieren haben, was viele Ängste hervorrufen kann. Obwohl die Zeit, in der sie selber keine Entscheidungsfreiheit hatten, damit gewiss keine positive war, war es dennoch eine Komfortzone, die es nun zu verlassen gilt. Dies klappt gewiss nicht auf Anhieb. Für nicht gerade wenige Menschen braucht es regelrecht Jahre, bis das Traumata der Unterdrückung verarbeitet wurde. Ein einziger Durchlauf des **Sokratischen Dialogs** wird deswegen auch gewiss nicht ausreichen.

Zumal dazu kommt, dass der Klient erst lernen muss, dem Betreuer, also dem Therapeuten oder Psychologen, zu vertrauen. Nur durch absolutes Vertrauen kann gewährleistet werden, dass der Klient wirklich die Wahrheit sagt, dass er oder sie es sich auch traut, die eigene Meinung auszusprechen, welche durch die Schritte des **Sokratischen Dialogs** gebildet werden. Besonders, wenn sich wirklich als Hauptgeschehnisses darauf fixiert wird, dann bleibt oftmals wenig Zeit zwischen Therapeut und Patient, um sich wirklich kennenzulernen. Vielen Menschen fällt es in diesen Fällen wirklich schwer, die Wahrheit zu sprechen. Dies kann allerdings als recht positiv betrachtet werden, wenn nicht sofort zu einem Ergebnis gekommen wird. Denn genau diese Zeit, die der Patient oder die Patientin braucht, um dem Therapeuten beziehungsweise dem Gesprächsführer zu vertrauen und die eigenen Gedanken auch auszusprechen, kann dafür genutzt werden, um weitere Durchläufe auszuprobieren, über verschiedene Situationen nachzudenken. Letztendlich geht es schließlich nicht nur darum, eine einzige Entscheidung zu treffen, wie vielleicht den gewalttätigen Partner zu verlassen, sondern es geht allgemein darum, auf der eigenen Meinung basierend verschiedene Entscheidungen treffen zu können, die das gesamte spätere Leben beeinflussen werden. Als eine Entscheidung kann beispielsweise auch betrachtet werden, ein simples "Nein" auszusprechen. Viele Menschen haben genau damit Probleme, weil sie keine Bürden für andere Personen sein wollen oder aber, weil viele Menschen einfach viel zu nett sind und sich dementsprechend schuldig fühlen, wenn sie etwas ablehnen. Dies ist allerdings so wichtig, da einige Menschen vergessen, auf sich selbst zu achten. Sich für andere Personen aufzuopfern, ist nobel, allerdings hält die eigene Psyche und auch der eigene Körper nur eine gewisse Menge an Stress aus. Sich also damit immer wieder in Situationen zu geben, die für einen selbst schädlich und toxisch sind, anderen Menschen aber guttun, ist deswegen nicht der richtige Weg, auch wenn das Samariter-Dasein ein seltenes und dementsprechend nobles ist.

Es braucht daher eine gewisse Zeit, bis Fortschritte verrechnet und eingetragen werden können. Große Fortschritte treten in Form der ersten Worte aus, die der Patient eigenständig von sich gibt, kleine Fortschritte allerdings können auch in den Fehlschlägen des **Sokratischen Dialogs** gefunden werden. Warum das der Fall ist und wie genau ein **Sokratischer Dialog** überhaupt neben den einzelnen Schritten geführt wird, welche Regeln es zu beachten gibt und wie sich eine Einzeltherapie von einer Gruppentherapie unterscheidet, soll nun im nächsten Abschnitt besprochen werden.

Das Führen eines Sokratischen Dialoges

Das Führen eines **Sokratischen Dialoges** bringt sowohl Vorteile als auch Nachteile mit sich. Menschen, die ihre eigene Meinung nur schwer vertreten und erst recht nicht aussprechen können, kann durch eine recht simpel wirkende Konversation geholfen werden. Eine Voraussetzung dazu ist allerdings, dass ein solcher Dialog richtig ausgeführt wird. Von außen mag eine solche Konversation recht simpel wirken, da es sich um einfache Fragestellungen handelt, die nicht sofort den Sinn des Lebens erklären sollen, sondern die Menschen lediglich dazu animieren soll, die eigenen Gedanken auszusprechen. Wird ein solcher Dialog allerdings nicht richtig geführt, dann kann es dazu kommen, dass der Klient durchaus eine Meinung bildet, allerdings eine, die vom Therapeuten, Psychologen oder Psychiater erneut in Frage gestellt werden muss. Wenn dies geschieht, dann kann es zu erheblichen Problemen kommen, da diese neu gefundenen Meinungen und die darauf basierenden Gedanken nun sehr veränderungsresistent sind. Schließlich geht es bei einem **Sokratischen Dialog** genau darum, das Verfestigen der eigenen Meinung oder eher das allgemeine Bilden einer Meinung. Dies geschieht definitiv, auch wenn es nicht gerade selten sehr viel Zeit braucht, allerdings kann es eben auch zu Meinungen kommen, die einen unpraktischen Verlauf nehmen. Auf diese neu gefundene Meinung wird beharrlich gebaut und es wird sich außerdem gegen jedwede Worte verteidigt.

Es geht also nicht nur einfach um das Bilden einer Meinung, sondern es soll die ganz eigene Meinung sein, welche auf den richtigen Grundprinzipien basiert und außerdem auch wirklich die Gedanken der zu befragenden Person widerspiegelt, ohne dass es dabei zu irgendwelchen Verfälschungen kommen kann. Wurde der **Sokratische Dialog** richtig ausgeführt, dann sollte der Patient so darüber sprechen können, dass es weder von einer normalen Person Ansätze des Zweifelns gibt noch von einem Therapeuten, der darauf trainiert ist, die Denkweisen seiner beziehungsweise ihrer Patienten nachzuvollziehen. Der **Sokratische Dialog** basiert deswegen sehr stark auf Logik.

Durchaus kann ein solcher Dialog auch im Eigenheim durchgeführt werden. Im Internet oder in fachgerechten Büchern gibt es zu diesem Thema sehr viele Anleitungen, wobei in diesem Buch bereits die einzelnen Schritte und auch Regeln erklärt worden sind. Theoretisch gesehen kann also jeder den **Sokratischen Dialog** ausprobieren. Genau dazu werden in Amerika Juraschüler aufgefordert. In Amerika ist diese Gesprächsform die häufigste Form im Ausbilden von neuen (Staats-)Anwälten. Letztendlich basiert ein Trial, also ein Gerichtsverfahren, auf Logik und auf Fakten. Meinungen dürfen vor Gericht keine Rollen spielen, erst recht nicht von den Anwälten oder vom Richter. Diese Form des Redens ist daher eine sehr gängige Variante in Amerika, in Deutschland allerdings eher weniger, aus genau demselben Grund, weshalb es nicht die beste Idee ist, diesen Dialog zuhause auszuprobieren. Natürlich kann das jeder und jeder sollte sich dazu aufgefordert fühlen, eine solche Konversation einmal auszuprobieren, allerdings nicht mit jemandem, der eigentlich die Hilfe eines Therapeuten benötigen würde. Ein solcher Therapeut hat dies nicht nur gelernt, sondern er oder sie ist sich auch den Konsequenzen bewusst, die auftreten können, wenn der **Sokratische Dialog** nicht richtig ausgeführt wird. Jeder, der sich dieses Buch durchgelesen hat, wird auch die Konsequenzen kennen, wurde dies gerade eben beschrieben, allerdings können Menschen, die dies einfach nur ausprobieren, nicht korrigieren, was sie falsch gemacht haben. Führen sie einen Dialog mit einer Person, die eigentlich professionelle Hilfe braucht und wird irgendetwas falsch gemacht, dann muss erst recht ein Therapeut einschreiten, denn die Konsequenzen, die daraufhin folgen, können nicht mehr einfach so gelöst oder beseitigt werden.

Natürlich kann daher also jeder Mensch von zuhause versuchen, mit einer anderen Person oder vielen weiteren Menschen, wie im Falle einer Gruppentherapie, allerdings nicht mit Personen, die wirklich professionelle Hilfe brauchen und auch Sie selber, sollten Sie sich dazu entscheiden, diese auf Fakten basierende Gesprächsweise ausprobieren zu wollen, sollten im besten Falle keine Psychotherapie brauchen, denn letztendlich kann nicht nur die Meinung der anderen Menschen ins Negative hin verändert werden, sondern auch die ganz eigene Meinung. Diese Arbeit sollte dann doch lieber einem professionell Studierten überlassen werden. Durchaus kann es immer mal zu Fehlern kommen, denn auch ein Therapeut oder Psychologe ist nur ein Mensch. Fehler geschehen, beispielsweise dann, wenn ein Klient falsch eingeschätzt wurde oder ein Patient vielleicht nicht von Anfang an die Wahrheit gesagt hat. So etwas kann den allerbesten passieren. Wenn so etwas allerdings geschieht, dann befindet sich die Person bereits in Therapie.

Dann kann sofort daran gearbeitet werden, diesen kleinen Fehler wieder auszubessern, bevor er sich verfestigen kann und die Person in eine nur noch tiefere Abwärtsspirale hineinfällt. Genau das wird schließlich geschehen, wenn ein solcher Fehler, so klein er auch sein mag, im Eigenheim beispielsweise unter Freunden passiert, zumal die wenigsten es wirklich schaffen, nicht auf die eigene Meinung zu beharren, sondern vielmehr ein Aufpasser der Situation zu sein. Besonders im Bereich von Freunden oder der Familie geschieht dies sehr häufig. Wenn diese Personen helfen sollen, dann geschieht dies recht selten auf Tatsachen beruhend, sondern die eigene Meinung wird mit ins Spiel gebracht, die Person wird auf eine bestimmte Seite gezogen und damit nur noch mehr in die Ecke gedrängt. Dies ist nicht von Vorteil und kann zu sehr vielen weiteren Problemen und Nebenwirkungen führen, die die eigentliche Problematik nur noch verschlimmern.

Besser ist es dementsprechend, diese schwierige Arbeit einem Profi zu überlassen, der sich nicht nur mit den allgemeinen Regeln auskennt, sondern der genau weiß, wie er genau diese Regeln einzuhalten hat. Sollte dennoch etwas vorkommen, können direkt Gegenmaßnahmen eingeleitet werden.

Bevor also enthusiastisch der **Sokratische Dialog** ausprobiert wird, sollte sich jeder noch einmal das vorherige Kapitel durchlesen und sich nicht nur mit dem allgemeinen Aufbau einer solchen Konversation beschäftigen, sondern eben auch ganz genau mit den Regeln, die nicht einfach so veränderbar sind, sondern fest eingehalten werden müssen.

So wie es in der Antike der Fall war, als die Hebammensprache von den Schülern des Sokrates angewandt wurde, wird der **Sokratische Dialog** auch heute noch gerne in Gruppen ausgeführt, allerdings ist dies nicht ganz so einfach. Im letzten Abschnitt wurden die Schritte des **Sokratischen Dialogs** akribisch beschrieben, allerdings im Falle einer Einzeltherapie. Die Sokratik war vor beinahe zweitausend Jahren ein simples Mittel der Informationsbeschaffung. Viel mehr als das allerdings diente diese Gesprächsführung dazu, dass nicht mit einem Mal ein Streitgespräch entbrannte, nur weil jemand zu stark auf der eigenen Meinung beharrte. Mittlerweile ist der **Sokratische Dialog** gewiss kein Mittel der Informationsbeschaffung mehr. Um aus einem Patienten oder Klienten die richtigen Informationen herauszubekommen, gibt es gewiss andere Methoden, die jemand anwenden kann, der in der Psychologie studiert ist. Letztendlich geht es in einer Therapie schließlich genau darum, dass Menschen endlich mit jemandem reden können, der vollkommen unvoreingenommen zuhören wird und zudem auch noch fremd ihnen gegenüber ist. Dementsprechend haben sich ganz andere Methoden der Informationsbeschaffung im Laufe der Zeit entwickelt. Der **Sokratische Dialog** ist damit keines dieser Mittel. Stattdessen provoziert die **Sokratische Gesprächsführung** eine Entscheidung beziehungsweise das Herauskristallisieren einer Meinung. In besonders schwierigen Fällen bleibt der **Sokratische Dialog** daher ein Mittel, welcher in der Einzeltherapie angewendet wird, denn nicht selten kommt es vor, dass Menschen, die schwer ihre eigene Meinung zu Worte bringen können oder die eben keine eigenen Entscheidungen treffen können, Angst vor Menschen haben. Oftmals kostet es bereits sehr viel Überwindung, überhaupt zu einem Therapeuten zu gehen beziehungsweise sich Hilfe zu suchen. Eine so drastische Konfrontation wie in einer Gruppentherapie wäre für diese Menschen nicht der richtige Weg. Für Menschen allerdings, bei denen diese Störung nicht ganz so dramatisch ausgebildet ist oder bei Patienten, die in einer stationären Klinik sind, wird der **Sokratische Dialog** normalerweise innerhalb einer Gruppentherapie angewandt, welche sich maßgeblich im Aufbau im Vergleich zu einer Einzeltherapie unterscheidet.

In einer Einzeltherapie führt der Therapeut den **Sokratischen Dialog**, während der Klient lediglich zuhört und hin und wieder seinen oder ihren eigenen Input dazu gibt. Damit erklärt der Therapeut die Situation, bringt Fakten und Logik ein, niemals allerdings seine oder ihre eigene Meinung, dies ist schließlich eine der Regeln, welche sehr streng verboten ist. Fast schon könnte damit gesagt werden, dass der Therapeut beinahe ein Selbstgespräch führt. Zwar ist die **Sokratische Gesprächsführung** noch immer interaktiv und soll den Klienten dazu bewegen, aus dieser eisernen Schutzhülle herauszukommen, allerdings spricht in den meisten Fällen der Therapeut, Psychologe oder Psychiater von Natur aus deutlich mehr.

Viele Menschen, die sich eine solche Form der Hilfe suchen, können nur schwer ihre eigenen Gedanken in Worte fassen, sie fürchten sich vor Enttäuschung oder vor der Wut ihres Gegenübers. Damit diese Menschen also aus sich herauskommen und dementsprechend wirklich die Wahrheit über Geschehnisse, wie beispielsweise ihre persönliche Vergangenheit, sagen, muss der Therapeut erst das Vertrauen gewinnen. Dies geschieht häufig, in dem er oder sie sehr viel erklärt, viel spricht und dementsprechend freundlich, wenn auch weiterhin distanziert, gegenüber dem Klienten oder der Klientin auftritt. Daher ist es nicht verwunderlich, dass der **Sokratische Dialog** in einer Einzeltherapie vielmehr einem Selbstgespräch gleicht. Irgendwann ist dies nicht mehr der Fall beziehungsweise ist das genau das Ziel dieser Therapie. Natürlich geht es gewiss darum, sich selbst eine eigene Meinung zu bilden und noch viel mehr zu lernen, dass die eigenen Entscheidungen besonders wichtig sind und nicht immer andere Menschen über das Leben einer Person entscheiden können, allerdings geht es auch sehr stark darum, dass der Patient mit dem Therapeuten interagiert, dass er oder sie sich im Gespräch einmischen und wirklich sagen, was ihnen auf dem Herzen liegt. Das Ziel der **Sokratischen Gesprächsführung** ist es daher also, dass aus diesem Selbstgespräch ein interaktiver Dialog wird beziehungsweise ist das der Fall in einer Einzeltherapie. Eine Gruppentherapie verläuft sehr anders.

Die größte Veränderung ist, dass der Therapeut nun nicht mehr das Gespräch führt, sondern dass derjenige, egal, ob es nun ein Therapeut, Psychologe, Psychiater oder gar ein Erzieher ist, eine Betreuungsfunktion einnimmt. Vielmehr stellt diese Personen einen Spielleiter dar, der darauf achtet, dass die beteiligten Personen sich an die Regeln halten und nicht meinungsbezogen argumentieren. Natürlich kann nicht jeder Mensch immer wissen, welche Worte auf Fakten oder doch eher auf Lügen basieren, dementsprechend kann es immer zu Missverständnissen kommen, in welchen eine Person stark davon ausgeht, dass es sich bei den eigenen Worten um Tatsachen handelt, dies allerdings nicht der Fall ist. Solche Situationen kommen vor, aber dennoch ist es ein Unterschied, ob zumindest daran geglaubt wird, dass die eigenen Worte der Wirklichkeit entsprechen oder aber, ob wissend und mit vollem Bewusstsein Lügen erzählt werden, nur, um die eigene Meinung besser aussehen zu lassen. Manche Menschen haben eine sehr starke Persönlichkeit, weshalb so etwas durchaus an der Tagesordnung sein kann. Viele kennen genau dieses Phänomen schließlich manche Menschen beharren so stark auf ihrer eigenen Meinung, dass sie sich die absurdesten Argumente ausdenken und sich nicht gerade selten damit selber ins Aus befördern.

So etwas kann durchaus auch in einer Gruppentherapie vorkommen, letztendlich handelt es sich nämlich bei solchen Therapien um Gruppen mit sehr ausdrucksstarken Mitgliedern, die sich mitunter stark voneinander unterschieden. Es prallen viele individuelle Persönlichkeiten aufeinander, die unter fehlenden Regeln regelrecht kollidieren können. Es kann in dieser Form von Gruppen also noch viel stärker und schneller zu Streitgesprächen kommen als im normalen Alltag. Deswegen ist es so wichtig, dass es nicht nur die richtigen Regeln gibt, sondern es braucht auch eine Person, welche darauf achtet, dass diese Regeln eingehalten werden. Genau diese Person übernimmt der Therapeut oder die Therapeutin. Derjenige wird damit zu einem Betreuer, der sich in das Gesehen selbst nicht einmischt, sondern vielmehr sich aus den entstandenen Gesprächen raushält und vielmehr einfach nur zusieht.

Das bedeutet also, dass der Therapeut hier nicht das Gespräch selbst führt, wie es in der Einzeltherapie der Fall ist, sondern er oder sie startet höchstens das

Gespräch mit einem anregenden Argument für die Mitglieder der Gruppe. Dann allerdings hält derjenige sich aus den Gesprächen heraus. Dies hat den Vorteil, dass die Gespräche viel natürlicher wirken. Ein Gespräch mit einem Therapeuten, worüber auch immer dieses Gespräch handeln mag, kann durchaus manchmal sehr gezwungen wirken. Letztendlich ist der Status eines Psychologen ein sehr umstrittener. Mehr als die Hälfte der Weltbevölkerungen sind immer noch der Annahme, dass es keine mentalen Krankheiten gibt, dass es keine Depressionen gibt und jeder, der auch nur ansatzweise an Suizid denkt, maßlos überreagiert oder dies nur macht, um Aufmerksamkeit zu erlangen. Besonders ältere Menschen haben Probleme dabei zu verstehen, dass die Welt sich verändert hat und sich dementsprechend auch die Probleme der Menschen, insbesondere der Jugend. Auch werden oftmals Personen nicht ernst genommen, die eben Probleme darin haben, Entscheidungen zu treffen. Sich in einer solchen Welt dementsprechend Hilfe zu suchen, ist ein sehr mutiger Schritt, insbesondere, wenn innerhalb der Familie schlecht über mentale Probleme geredet wird. Zumal ein Therapeut immer eine Form von Arzt darstellt und niemals einen Gleichgesinnten oder gar einen Freund. Es ist eine fremde Person, mit der über ein medizinisches Problem gesprochen wird. Die Gespräche können daher oftmals schwierig sein und erst recht komisch anfangen. Bei Gleichaltrigen allerdings, so wie es oftmals in Gruppentherapien der Fall ist, ist die allgemeine Atmosphäre leichter und lockerer, zumal es immer ein Mitglied in dieser Gruppe mit einer starken Persönlichkeit geben wird, der das angefangene Argument des Betreuers weiter führen wird.

Schließlich darf nicht vergessen werden, dass der **Sokratische Dialog** durchaus dazu da ist, denjenigen ihre Entscheidungsfreiheit wiederzugeben, die diese schon lange verloren haben, aber es ist auch eine gute Methode, um denjenigen beizubringen, ihre Worte auf Fakten zu basieren, die den Drang dazu haben, Unwahrheiten zu vertreiben. Deswegen werden in Gruppentherapien oftmals sehr gegensätzliche Charaktere aufgenommen, nicht, um einen Streit zu provozieren, darum soll es schließlich nicht gehen, sondern vielmehr darum, dass sich zwei sehr extreme Seiten gegenseitig helfen können.

Von hier an ist es wichtig, dass die betreuende Person die richtigen Anweisungen gibt, wenn nicht sogar der erste Schritt des *explikativen Sokratischen Dialogs* komplett von dieser Person durchgeführt wird. Schließlich handelt es sich dabei um einen rein Fakten basierenden Schritt, der eine Situation beschreibt. Die nächsten beiden Schritte sollten allerdings von den Mitgliedern der Gruppe alleine gelöst werden, aus einem sehr simplen Grund: Dadurch lernen die Beteiligten miteinander zu kommunizieren. Besonders, wenn zwei Personen dies vormachen, werden auch irgendwann die restlichen Mitglieder der Gruppe mit einsteigen.

Dies wird auch gewiss geschehen, so wie Studien gezeigt haben. Besonders Gleichgesinnte beziehungsweise Menschen im gleichen Alter lassen sich sehr schnell auf Gespräche ein, die beginnen, hitzig zu werden. Deswegen allerdings gibt es für den **Sokratischen Dialog** sehr genaue Regeln, die es zu befolgen gilt.

Diese Regeln beinhalten, dass innerhalb des Gespräches im Bestfall auf einen Konsens hingearbeitet wird. Dies bedeutet, dass sich im besten Fall geeinigt wird und die herauskristallisierten Standpunkte jeden zufriedenstimmen. Dass dies nicht immer der Fall sein kann, sollte nicht verwunderlich sein, allerdings geht es gewiss nicht darum, jemanden mit aller Macht von seiner oder ihrer Meinung zu entfernen. Vielmehr geht es darum, zu lernen. Jeder hat eine andere Meinung und nur weil die eigene vielleicht gut klingt, bedeutet das nicht, dass eine andere Meinung nicht vielleicht besser sein könnte.

Um zu diesem Punkt der Einsicht zu gelangen, braucht es weitere sehr spezifische Regeln. Besonders wichtig ist, dass jeder Person zugehört wird, egal, was derjenige zu sagen hat. Auch bedeutet dies eben, dass jeder ernstgenommen wird; auch eine sehr absurde Meinung oder sehr komisch wirkende Worte werde nirgendwo einen Kern der Wahrheit in sich haben oder zumindest einen Standpunkt, den die Person für richtig hält. Diese Überzeugung der eigenen Worte, so absurd diese auch sein mögen, werden einen Grund haben und genau dieser Grund, selbst wenn er nicht ausgesprochen wird, muss mehr als nur ernstgenommen werden. Gleichzeitig allerdings muss sich klar und verständlich ausgedrückt werden. Dies kann manchmal recht schwierig sein. Besonders in einer hitzigen Debatte ist es nicht gerade selten, dass die Worte sich regelrecht überschlagen und sich in der eigenen Zunge aus irgendeinem Grund ein Knoten bildet. Für andere Menschen wird es dann sehr schwierig, dem Gespräch beziehungsweise dem allgemeinen roten Faden zu folgen. Deswegen ist es verboten, einfach so unbedacht die Worte in den Raum zu werfen, stattdessen sollte sich jeder dazu aufgefordert fühlen, aktiv über die eigenen Worte nachzudenken und diese dann erst auszusprechen. Sollte dies aus irgendeinem Grund nicht möglich sein, dass der Faden entweder versehentlicherweise verloren worden ist oder aber gewisse Menschen Probleme mit der Aussprache haben, wie mit einem Immigrationshintergrund oder einem Stotterer, beziehungsweise anderen pädagogischen Problemen, dann kann dieser Gedanke dennoch in der Gruppe besprochen werden. Eine andere Person wird diesen Gedanken sicherlich klar und mit einem guten Ausdruck zu Ende führen können. Dies braucht allerdings Geduld. Die **Sokratische Gesprächsführung** ist alles andere als eine hektische. Es kann recht lange dauern, bis letztendlich wirklich zu einem guten Schluss gekommen wird, dafür lohnt sich das lange Warten allerdings. Daher darf auch niemand in den eigenen Worten unterbrochen werden. Höchstens der Betreuer darf dies, wenn jemand immer wieder dasselbe Argument wiederholt, sich auf der Stelle bewegt oder aber niemand anderen zu Wort kommen lässt. Jeder soll schließlich sprechen dürfen.

Während es Sinn ergibt, dass bei der allgemeinen Fragestellung geblieben werden muss, ansonsten würden die Gespräche noch länger dauern als sowieso schon, ist es wichtig, dass sich jeder Teilnehmer im Klaren darüber ist, dass jede Meinung eines anderen hinterfragt werden darf. Besonders für Menschen, die sich normalerweise so sehr an die Meinung und Entscheidungen von anderen klammern, müssen sich im Klaren darüber sein, dass diese Personen auch die größten Lügen erzählen könnten. Deswegen sind hier erneut diese sehr speziellen Persönlichkeiten wichtig, da diejenigen, die sich am Anfang zurückhalten, an diesen sehr verschiedenen Meinungen sehen werden, dass eine andere Person nicht einfach so recht hat, sondern dass jeder eine ganz eigene Meinung hat, die sich auf verschiedenen Faktoren bildet. Deswegen darf jede Meinung hinterfragt werden und sollten diese Gedanken auftreten, dann ist es genauso wichtig, dass diese Worte auch wirklich ausgesprochen werden. Das allgemeine Hinterfragen ist zwar bereits ein sehr großer Schritt, aber angenommen, diese Person sollte mit einer sehr absurden Meinung durchkommen, dann hat das stille Hinterfragen reichlich wenig gebracht. Dazu kommt allerdings auch noch, dass beim Hinterfragen der Argumente eines Anderen in Kauf genommen werden muss, ob diese Argumente wirklich richtig verstanden worden sind. Durch Sprachbarrieren beispielsweise oder akustischen Problemen kann es dazu kommen, dass gewisse Worte nicht richtig aufgefasst werden. Hinterfragt werden darf dies natürlich und es ist auch sehr gewünscht, allerdings bleibt das Risiko, dass die Schuld nicht bei dem Erfasser diese Argumente liegt, sondern bei der Person, die hinterfragt hat. Dasselbe kann geschehen, wenn beispielsweise eine sehr komplexe Thematik besprochen wird, die vielleicht nicht auf Anhieb verstanden wird. Deswegen ist es richtig, dass Fragen gestellt werden und auch jede Frage ernstgenommen wird. All dies ist letztendlich der Weg zu einem sehr großen Ziel. Nicht jeder dieser Teilnehmer wird dasselbe haben, aber sie alle profitieren voneinander. Genau durch diese gemeinsamen Ziele wird deswegen lösungsorientiert gearbeitet und keinesfalls gegeneinander. Besonders diejenigen, die sehr auf ihrer eigenen Meinung beharren, müssen dies manchmal noch lernen.

Als letztes Thema soll hier noch angesprochen werden, dass es keine Fehlschläge gibt. Sofort muss hier allerdings gesagt werden, dass es bei der richtigen Ausführung des **Sokratisches Dialog** keine Fehlschläge gibt. Die Gedanken des Patienten sind keine Fehlschläge, es sind keine Fehler und keine Missgeschicke. Jede Meinung, die sich bildet, ist die richtige, sollte die Konversation richtig ausgeführt worden sein. Sollte dies nicht der Fall sein, dann war auch dann der Dialog kein Fehlschlag. Die Ausführung war in diesem Moment ein Fehlschlag, was ein gewaltiger Unterschied ist. Letztendlich braucht es eine betreuende Person, die sich darum kümmert, dass der **Sokratische Dialog** richtig ausgeführt wird. Wenn dies nicht der Fall ist, dann können die Dinge geschehen, die am Anfang dieses Abschnittes erklärt worden sind. Die Schuld liegt dann allerdings nicht beim Klienten. Es ist sehr gut, dass sich eine Meinung bildet, egal, um welche Meinung es sich dabei handelt. Dies ist letztendlich, was der Dialog befürwortet. Hat der Betreuer die Situation aber falsch erklärt und hat derjenige eigene Emotionen mit hineinfließen lassen, dann kann diese Meinung auf falschen Tatsachen beruhen, was allerdings nicht die Schuld des Klienten ist. Jede Meinung, die sich bildet, ist ein Erfolg und damit niemals ein Fehlschlag. Es gibt nur die falsche Ausführung. Manche Fortschritte allerdings sind nicht sofort zu sehen.

Der **Sokratische Dialog** mit all den vielen Variationen und Schritten ist dazu da, um zu ermutigen. Diese Ermutigung zeigt sich in so vielen verschiedenen Wegen, die manchmal nicht mit dem bloßen Auge und auch nicht mit dem Auge eines Therapeuten zu erkennen sind. Letztendlich ist und bleibt es der Fall, dass niemand einfach so die Gedanken einer anderen Person lesen kann. Deswegen sollte diese Methode der Entscheidungsfindung nicht einfach so abgelehnt oder verworfen werden, nur weil der erste Durchlauf keine akkuraten Ergebnisse gezeigt hat, denn nur weil es vielleicht äußerlich keine gab, heißt das noch lange nicht, dass diese Methode nicht trotzdem vielleicht etwas in dem Klienten bewegt hat. So ist es schließlich meistens.

Viele Menschen haben es allgemein schwer, sich einfach so auf einen Therapeuten einzulassen. Die Wahrheit zu sagen, kann schwer sein, genauso, wie sich überhaupt ansatzweise zu öffnen. Letztendlich erzählt derjenige dieser Person schließlich oftmals sehr dunkle Dinge, die im privaten Leben vor sich gehen. Mit dem Niederlegen der Privatsphäre, denn so etwas kann es nur schwer bei einer Therapie geben, da der Psychologe oder Psychiater so viele Informationen wie möglich braucht, kann für sorgen, dass der Klient sich sehr schnell angegriffen fühlt. Alle Geheimnisse werden irgendwann offen gelegt, weshalb besonders am Anfang dies nur schleppend vorangeht. Natürlich gibt es einige Ausnahmen, die beinahe augenblicklich mit der Sprache herausrücken, solche Klienten allerdings haben oftmals schon eine Therapie hinter sich und wurden entweder versetzt oder hatten in jungen Jahren bereits einen Besuch bei einem Therapeuten und sind diese Fragerei dementsprechend gewöhnt. Normalerweise allerdings ist aller Anfang schleppend und so natürlich auch im Bereich des **Sokratischen Dialogs**.

Wie bereits besprochen, kann es sich durchaus manchmal so anfühlen, besonders in einer Einzeltherapie, als würde der Therapeut lediglich Selbstgespräche führen. Natürlich hilft es nicht, dem eigentlichen Ziel näherzukommen, denn eigentlich ist der **Sokratische Dialog** ein interaktiver Dialog, an dem sich der Klient durchaus beteiligen soll, um sich letztendlich selbst eine Meinung zu bilden und daraufhin auch zu entscheiden. Gewiss kann damit also kein wirklicher Fortschritt erkannt werden, nur weil es allerdings keinen erkennbaren Fortschritt gibt, bedeutet dies nicht, dass der Versuch direkt als ein Fehlschlag angesehen werden kann. Die Gedanken des Patienten bewegen sich so oder so. Selbst, wenn derjenige diese nicht ausspricht, dann hat die **Sokratische Gesprächsführung** dennoch eine sehr hohe Erfolgschance, da diese Methode der Selbstfindung zu einer Veränderung anregt. Diese kleine Anregung kann manchmal absolut ausreichen, damit eine Person ihr gesamtes Leben verändert. Natürlich wird es weiterhin dauern, bis derjenige wirklich selber Entscheidungen treffen kann und bis derjenige sich währenddessen wohlfühlt, ist eine ganz andere Thematik, letztendlich bewirkt ein einziger Durchgang dieses Dialogs bereits so viel. All diese Dinge sind oftmals nicht zu sehen, doch auch hier darf nicht vergessen werden, dass es die kleinen Dinge sind, die zählen.

Schlusswort

Der **Sokratische Dialog** sollte damit mit sehr viel Geduld durchgeführt werden. Tatsächlich ist es ein sehr seltenes Phänomen, wenn die einzelnen Schritte dieser antiken Methode auf Anhieb und beim ersten Durchgang wirklich Erkenntnisse zeigen, denn letztendlich darf nicht vergessen werden, dass die allgemeine Psyche kaum mehr als einen Lernprozess beschreibt. Durchaus, einen sehr komplexen Lernprozess und auch wenn es nicht der Fall ist, kann dieser doch mit sehr simplen Worten beschrieben werden. Ein Lernprozess braucht Zeit. Dabei ist es vollkommen egal, ob in der Grundschule das Schreiben und Lesen gelernt wird oder aber, ob jemand versucht, sich in die schwierigen Zeilen der Quantenphysik hineinzulesen. Das Thema ist vollkommen egal. Zwar unterscheidet sich die Zeit, die es für verschiedene Aktivitäten braucht, um diese zu lernen, nicht allerdings die Tatsache, dass es überhaupt Zeit braucht.

So wie es meist bei jedem Lernprozess der Fall ist, bedeutet dies allerdings auch, dass besonders die Psyche zu verändern ein schwieriges Unterfangen ist. Dabei muss angemerkt werden, dass es leichter ist, die Psyche eines Menschen zum Negativen zu verändern als zum Positiven. Deswegen sind die Heilungsprozesse im psychologischen Bereich auch oftmals deutlich länger als im physisch medizinischen. Ja, es gibt keine körperliche Wunde, die der Körper zu heilen hat und dennoch braucht der Heilungsprozess so viel länger, eben weil es keine blutende Wunde gibt. Der Körper ist sich nicht bewusst darüber, was es genau zu heilen gibt. Dies muss erst einmal herausgefunden werden. Genau dabei kann ein Therapeut helfen. Dieser kennt sich damit aus und hat genau das schließlich jahrelang studiert. Auf einen Experten zu vertrauen, ist deswegen immer eine sehr gute Idee.

Der **Sokratische Dialog** beschreibt damit eine sehr alte Methode, die sich in beinahe zweitausend Jahren sehr stark verändert hat. Anfangs noch zum Zwecke der Informationsbeschaffung entstanden, ist diese Methode nun eine der am häufigsten verwendeten, wenn es darum geht, jemandem die eigene Meinung zurückzugeben. Dies kann sehr viele verschiedene Gründe haben, die alle einen sehr persönlichen Ursprung haben. Jeder Mensch hat verschiedene Dinge erlebt und unterschiedliche Erfahrungen gemacht. Manche Menschen haben beispielsweise das Glück, eine sehr friedliche Kindheit genießen zu dürfen, andere Menschen allerdings hatten dieses Glück nicht oder aber haben manche Menschen in ihrer Jobwahl oder in ihrer Partnerschaft sehr viel Glück gehabt, andere wiederum nicht. Es gibt dementsprechend viele verschiedene Gründe, warum eine Person Probleme mit der eigenen Meinung haben könnte, warum manch einer sich so stark an der Meinung oder die Entscheidung eines anderen klammert.

Genau diesen Problematiken muss allerdings auf den Grund gegangen werden. Natürlich könnte augenblicklich mit einer Therapie begonnen werden, allerdings muss erst die richtige Therapie für die richtige Person gefunden werden. Es gibt viele verschiedene Therapien, die zwar alle das gleiche Ziel verfolgen und dementsprechend ähnliche Methoden anwenden, allerdings für ganz andere Personengruppen geschaffen worden sind. Genau dazu zählt auch der **Sokratische Dialog**. Es ist eine Methode, die in vielen verschiedenen Therapien angewandt wird, allerdings immer das Ziel hat, eine bestehende Meinung zu verändern.

In diesem Buch wurde stark auf die Einzeltherapie eingegangen und auf Patienten, die nicht wissen, wie sie ihre Meinung auszusprechen haben; es sind

Klienten, die ihr Leben lang unterdrückt worden sind und die dementsprechend niemals gelernt haben, dass es sehr positiv und wichtig ist, eigene Entscheidungen zu treffen. Es darf allerdings nicht vergessen werden, dass diese Art der Personengruppe nicht die Einzige ist, die der **Sokratische Dialog** oder die **Sokratische Gesprächsführung** helfen kann. Im Bereich der Gruppentherapie werden immer wieder Menschen zueinander geführt, die sich von ihren Persönlichkeiten her stark unterscheiden. Nicht nur sitzen damit Menschen im Raum, die Probleme damit haben, selbst Entscheidungen zu treffen, sondern sie werden mit Menschen konfrontiert, die dies gewiss zu häufig machen und die auf sehr unsinnige, ja beinahe absurden Meinungen beharren.

Der **Sokratische Dialog** lehrt, dass jede Meinung wichtig ist, solange sie auf Fakten beharrt. Schließlich war die Mäeutik in der Antike ein Weg der simplen, aber genauen Informationsbeschaffung. Auch heute funktioniert dieses Prinzip, dass innerhalb des Dialogs nur Worte gesprochen werden, die klar überdacht wurden und welche mit Fakten und Tatsachen überein stimmen. So lernen Menschen eben nicht aus ihrer eigenen Komfortzone herauszukommen und sich selbst gewisse Dinge zu trauen, wie eben das Aussprechen der eigenen Meinung, sondern Menschen, die dies zu häufig tun und andere regelrecht versuchen, dazu zu zwingen, ihrer Meinung und ihren Entscheidungen zu folgen, lernen, damit eher auf andere zu achten. Sie verstehen, dass jede Meinung wichtig ist und eben nicht nur die eine; ihre eigene.

Dies darf nicht vergessen werden, auch wenn in diesem Buch darauf eingegangen wurde, wie es mit Menschen vom anderem Ende des Spektrums aussieht. Dies liegt daran, dass der **Sokratische Dialog** diesen Menschen am meisten hilft. Im vorher besprochenen Beispiel stellt die **Sokratische Gesprächsführung** auch einen guten Lösungsansatz dar, allerdings ist er eine Methode von vielen. Menschen allerdings, die starke Probleme im sozialen Bereich haben und sich besonders stark an die Meinung und die Vorgaben von anderen halten, haben oftmals keine andere Möglichkeit. Es gibt keine weiteren bis nur sehr wenige andere Methoden, die diesen Menschen helfen könnten. Genau deswegen wurde in diesem Buch stark auf diese eine Personengruppe eingegangen, insbesondere im Bereich der Einzeltherapie, da dies das Hauptmerkmal des **Sokratischen Dialogs** ist. Genau dabei wird diese Methode am häufigsten eingesetzt mit meist sehr guten prozentualen Ergebnissen.

Natürlich ist diese Methode nicht für jeden geschaffen. Manche Menschen mögen es nicht gerade, wenn im kleinen Detail über eine meist recht absurde Situation gesprochen wird. Genau dies ist beim **Sokratischen Dialog** schließlich der Fall. Dies wurde in den einzelnen Schritten beschrieben, die wichtig sind, um letztendlich auf einen gemeinsamen Nenner zu kommen. Allerdings mag das nicht jeder. Für viele Menschen, die recht einfach denken, haben Situationen ein sehr einfaches Ergebnis, einen sehr direkten Weg, den es zu gehen gilt. Nicht jeder allerdings denkt so einfach. Manche Menschen, insbesondere diejenigen, die zu einer solchen Therapie gehen, verstehen durch beispielsweise eine ungünstige Erziehung oder durch negative Erfahrungen nicht, dass es auch andere Wege gibt, andere Auswege, dass eine Situation nicht immer gradlinig ist. Bevor also Entscheidungen getroffen werden können, muss sich erst eine eigene Meinung auf den Details gebildet werden. Diese Details allerdings können verhangen sein oder versteckt durch missratene Erscheinungsbilder. Diese Perspektiven gilt es erst zu ändern. Das gesamte Sichtbild muss erst erweitert werden, bevor sich eine eigene Meinung gebildet werden kann. Der Patient oder Klient muss verstehen, dass es viele verschiedene Möglichkeiten einer Meinung gibt und dass ein vorgegebener Weg, vom gewalttätigen Partner beispielsweise, nicht der einzige ist, auch wenn es im ersten Moment so scheint. Deswegen werden die Details sehr genau erklärt. Auch eine einfache Situation kann dementsprechend sehr lange dauern, um letztendlich ausreichend besprochen zu werden. Je länger eine solche Besprechung allerdings andauert, umso genauer kann gesagt werden, dass sich etwas in der Wahrnehmung der Person verändert, dass sich neue Perspektiven öffnen und dass unterschwellig eine eigene Meinung gebildet wird.

In diesem Buch allerdings wurde nicht erwähnt, wie ein Patient es schafft, diese Meinung letztendlich auszusprechen. Mit ein wenig Glück geschieht dies von ganz alleine, wenn oft genug über eine gewisse Situation gesprochen wird und wenn genügend Vertrauen zwischen Klient und Therapeut aufgebaut wird, allerdings ist dies nicht, was der **Sokratische Dialog** vorgibt. Der **Sokratische Dialog** oder die **Sokratische Gesprächsführung** ist dazu da, um eine Sichtweise zu verändern. Eine Entscheidung wird aufgrund der sich unterschwellig bildenden Meinung regelrecht hervor provoziert, allerdings ist es nicht die Aufgabe dieser antiken Methode, dem Klienten die eigene Stimme widerzugeben. Selbst in der Antike war dies nicht der Fall.

Durchaus geschieht es recht häufig, dass das Aussprechen der eigenen Meinung ein willkommenes Nebenprodukt des **Sokratischen Dialogs** ist. Dies ist ein natürliches Phänomen, welches dann auftritt, wenn der Patient sich besonders wohlfühlt. Je öfter über eine gewisse Situation gesprochen wird, umso stärker wird irgendwann der Drang, sich selber mitzuteilen. Oftmals geschieht dies in einer Therapie, allerdings ist es kein Muss. Mit dieser Methode soll eine Meinung gebildet werden, auf der letztendlich eine Entscheidung basiert, allerdings muss diese Meinung nicht ausgesprochen werden. Natürlich wäre dies wünschenswert, allerdings gibt es für diesen Bereich tatsächlich viele verschiedene Methoden, die nach dem Durchlaufen der vielen verschiedenen Schritte angewandt werden kann. Da es eben viele verschiedene Möglichkeiten gibt, spezialisiert sich der **Sokratische Dialog** nicht auf das Aussprechen, sondern auf das allgemeine Bilden. Dieser Dialog stellt damit den ersten Schritt zur Entscheidungsfindung dar, denn eine Meinung kann nicht ausgesprochen werden, wenn sich keine Entscheidung gebildet hat.

Es ist damit das erste Glied einer langen Kette, so wie es im psychologischen Bereich oftmals der Fall ist. Es gibt nicht einfach nur eine einzige Therapie, die einer Person helfen kann, sondern es gibt viele verschiedene Therapien, die nacheinander angewandt und durchlaufen werden müssen und jede einzelne dieser Therapien hat in sich geschlossen viele verschiedene Methoden und Möglichkeiten. Der **Sokratische Dialog** stellt eine dieser Möglichkeiten dar, auch wenn es für die Personengruppe, die in diesem Buch angesprochen wurde, meist die Einzige ist.

Damit stellt der **Sokratische Dialog** oftmals die letzte Hilfe für einige Menschen dar. Diese Menschen haben ihr ganzes Leben damit verbracht, den Anweisungen und Entscheidungen anderer Menschen zu folgen. Vielleicht haben sie es niemals anders gelernt oder aber durch eine Situation, in der sie unterdrückt wurden, haben sie es verlernt. Damit gibt es viele verschiedene Gründe, warum jemand mit solchen Problemen zu kämpfen hat.

Der Weg zu einem Therapeuten ist meist ein sehr schwerer. Viele Menschen fürchten sich regelrecht davor, was geschieht, wenn eine andere Person herausbekommt, dass derjenige einen Therapeuten besucht. Unglücklicherweise ist dies in der heutigen Welt ein sehr schwieriges Unterfangen. Der Ruf eines Therapeuten, Psychiater oder Psychologen ist verrufen, da er mit einem medizinischen Arzt gleichgestellt ist, zu dem man schließlich nur geht, wenn etwas nicht stimmt. Warum dies der Fall ist, ist ein ganz eigenes Thema für sich, welches die chaotischen Standards dieser Welt beschreiben würde. Gesagt soll hier nur sein, dass in der heutigen Gesellschaft all diejenigen nur schwer bis gar nicht akzeptiert werden, die ein wenig anders sind. Menschen, die zu einem Therapeuten gehen, aus welchem Grund auch immer, selbst wenn andere Menschen an diesem Grund schuld sind, wie Mobbing, Gewalt oder traumatische Erlebnisse, werden trotzdem als anders angesehen. Mittlerweile ist eine regelrechte Bewegung in Gang getreten, die Menschen befürwortet, die anders sind. Wer will schon normal und damit langweilig sein? Allerdings schafft das nicht jeder. So viele Menschen fürchten sich vor der Meinung anderer oder sind besonders altmodisch erzogen worden. Das kann bedeuten, dass man sich selbst als eine Krankheit betrachtet, was mehr als nur toxisch ist. So oder so gibt es viele verschiedene Gründe, warum der Weg zu einem Therapeuten äußerst schwierig ist. Dies schafft nicht jeder und wenn, dann ist es manchmal noch schwieriger, die Therapie nicht einfach abzubrechen, da man nicht gerade selten mit Dingen konfrontiert wird, die man am liebsten einfach totschweigen würde. Resultiert dies auch noch in einer Langzeittherapie, dann fürchten sich einige Menschen sehr stark vor den Reaktionen von anderen Menschen. Dies ist eine verständliche Reaktion, sollte allerdings niemanden aufhalten, sich selbst zu helfen. Auf jeden Fall sollte dies im Vordergrund stehen. Wenn ein solcher Besuch helfen würde, dann ist es vollkommen egal, was andere Menschen davon denken, zumal Therapeuten meist mit so etwas sehr diskret umgehen, da diese sich ihres Rufes bewusst sind.

Der Aufruf soll deswegen lauten; wenn Sie selber Probleme damit haben, Ihre eigene Meinung in Worte zu fassen oder eigene Entscheidungen zu treffen, dann suchen Sie sich Hilfe. Zumal es nicht einmal nur um diese beiden Teilbereiche gehen muss. Ein Studierter im Bereich der Psychologie kann mit vielen verschiedenen Problemen helfen. Selbst ein einfaches Telefongespräch kann sich mehr als nur lohnen und jeder sollte sich dazu ermutigt fühlen, diesen schwierigen Schritt in ein besseres Leben zu wagen.

Damit wurde dieses Buch für all diejenigen geschrieben, die mit einer solchen Thematik zu kämpfen haben, aber auch für all diejenigen, die einem Angehörigen helfen wollen, der vielleicht durch ähnliches hindurch geht. Ein **Sokratischer Dialog** kann auch im Komfort des eigenen Zuhauses durchgeführt werden, allerdings muss besonders dort strenger als sowieso schon auf die richtigen Regeln geachtet werden, da es ansonsten zu Fehlschlägen und Misserfolgen kommen kann, die durch einen individuellen Betreuer und Beobachter, wie es bei einem Therapeuten der Fall ist, vermieden hätten werden können. Ein simpler Anruf lohnt sich dementsprechend sehr.

Quellenverzeichnis

Beckermann, A. (2009/2010) *Was ist das - Philosophie? (Auszug aus der Informationsbroschüre der Abteilung Philosophie).* Philosophische Fakultät. Universität Bielefeld. Bielefeld.

Faschauner, V. (2001) *Leben und Philosophie von Sokrates.* GRIN Verlag. München.

Hinkel, C. (2017) *SELBSTFINDUNG IN EINER ÄSTHETIK DER BEGEGNUNG – kunsttherapeutische Reflexionen aus der stationären Psychotherapie.* Vortragstext. GeBO Bezirkskrankenhaus Bayreuth

Jung, C. G. (1921) *(Psychological Types) Tipi psicologici.* Rascher Verlag.

Luks, G. (2008) *Demokratie: Entstehung, Krisen und Gefahren (Demokratie und Demokratisierungsprozesse (Die athenische Demokratie - Entstehung, Institutionen, Probleme)).* Universität Heidelberg. Hamburg.

Matthees, R. (2009) *Sokrates' Einstellung zum Tod (Versuch einer Positionsbestimmung in Abhebung von narrativer Fiktion und dramatischer Inszenierung).* Johannes-Gutenberg-Universität Mainz. Proseminar historischer Sokrates, Studiengang Philosophie. Mainz.

Neißer, B. (2020) *Grundlagen des Sokratischen Gesprächs (Gesellschaft für Sokratisches Philosophieren).* Philosophisch-Politische Akademie (PPA) e.V. Bonn. Köln, Bonn.

Niebuhr-Siebert, S. (2006) *Argumentieren im Sokratischen Gespräch (Exemplarische Argumentationsanalyse und Konsequenzen für die methodische Praxis).* Fakultät für Geistes-, Sozial- und Erziehungswissenschaften der Otto-von-Guericke-Universität Magdeburg. Magdeburg.

Passin, C. (1998) *Exkurs: Das sokratische Gespräch in der politischen Jugendbildung.* Praktisches Philosophieren mit Jugendlichen. Demokratie und Werte. Bonn. philoSOPHIA e.V. Bonn.

Ritter, K. G. (2016/2017) Sokrates - die Apologie des Xenophon (Projekt: Das Verhältnis des *byzantinischen und fränkischen Reiches zur Zeit Karls des Großen*). Institut für Philosophie. Philosophische Fakultät der Heinrich-Heine-Universität. Düsseldorf.

Röttgers, K. (2010) *Einführung in die Praktische Philosophie anhand von ausgewählten Problemfeldern (Praktische Philosophie als Philosophie des Handelns)*. Fakultät für Kultur- und Sozialwissenschaften. Institut für Philosophie. Fernuniversität in Hagen. Hagen.

Stavemann, H. H. (2015) *Sokratische Gesprächsführung in Therapie und Beratung: eine Anleitung für Psychotherapeuten, Berater und Seelsorger.* Beltzverlag Weinheim. Basel. Programm PVU (Psychologie Verlags Union).

Impressum

Herstellung und Verlag: Bookmundo
ISBN: 9789403627908

M. Mittelstät

Friedrichstraße 112b

38855, Wernigerode

Zeitfracht Medien GmbH
Ferdinand-Jühlke-Straße 7
99095 Erfurt, Deutschland
produktsicherheit@kolibri360.de